EL SABIO TIBETANO

OBRAS DEL AUTOR

- EL TERCER OJO
- EL MEDICO DE TIBET
- EL CORDON DE PLATA
- LA CAVERNA DE LOS ANTEPASADOS
- MI VIDA CON EL ALMA
- USTED Y LA ETERNIDAD
- EL MANTO AMARILLO
- LA SABIDURIA DE LOS ANCIANOS
- EL CAMINO DE LA VIDA
- MAS ALLA DEL DECIMO
- AVIVANDO LA LLAMA
- EL ERMITAÑO
- LA DECIMOTERCERA CANDELA
- UNA LUZ EN LA OSCURIDAD
- CRESPUSCULO
- TAL COMO FUE
- YO CREO
- DESPUES DEL TIEMPO
- EL SABIO TIBETANO

LOBSANG RAMPA

EL SABIO
TIBETANO

EDICIONES TROQUEL/BUENOS AIRES

© by Editorial Troquel
Pichincha 969, Capital Federal (1219)
Buenos Aires, Argentina

Título original en inglés: TIBETAN SAGE

Traducción de MOISES M. PRELOOKER

Diseño de tapa: MANUEL RESSIA

PRIMERA EDICIÓN junio de 1980
OCTAVA REIMPRESIÓN marzo de 1996

ISBN 950-16-0518-3

Queda hecho el depósito que establece la ley 11.723

Printed in Argentina
Impreso en Argentina

El año pasado tuve ocasión de comprobar la gentileza y la cordialidad del señor Ressia hacia sus autores, motivo por el cual deseo dedicarle este libro.

Es verdad que también le dediqué el anterior, pero ahora quiero hacer extensivo mi gesto a la señora de Ressia, porque estoy convencido desde hace mucho tiempo de que detrás de todo hombre muy bueno hay siempre una muy buena mujer. En consecuencia, señora de Ressia, acepte mi agradecimiento por sus bondades y la preocupación por mi obra que supo infundir en su esposo.

PROLOGO

La gente se burló y se rió cuando —hace algunos años— dije en El Tercer Ojo que había volado en cometas; se podría pensar que cometí un crimen al afirmar tal cosa. Pero miremos ahora a nuestro alrededor y podremos observar a muchas personas que lo hacen.

Algunas sobrevuelan las aguas, arrastradas por un barco de carrera y, en otros casos, se trata de cometas que llevan a un hombre que se lanza desde un acantilado o una cierta altura y vuela realmente de ese modo. Ahora nadie dice que Lobsang Rampa tenía razón, pero en ese momento se burlaron de mí.

Hace algunos años, una buena cantidad de fenómenos pertenecía al dominio de la "ciencia-ficción", pero en la actualidad son acontecimientos de todos los días. Disponemos de satélites en el espacio y en Londres podemos captar los programas de televisión de los Estados Unidos o del Japón. Yo lo predije.

También hemos visto a un hombre —o, mejor dicho, a dos— caminando sobre la Luna. Todas mis obras son verídicas, y gradualmente se comprueba tal aseveración.

Este libro no es una novela, no es ciencia-ficción sino la verdad, absolutamente sin adornos, de lo que me sucedió, reitero que no existen licencias del autor en la obra.

Digo que este libro es verídico, pero es posible que el lector desee considerarlo como ciencia-ficción o algo por el estilo. Perfecto: está en libertad de lanzar una buena carcajada, y tal vez antes de que haya terminado de leerlo

9

se producirá algún acontecimiento que pruebe que mis libros dicen la verdad.

Pero desde ya afirmo que no contestaré ninguna pregunta acerca de su contenido. Con motivo de mis otras obras recibí una enorme correspondencia, pero la gente no incluye siquiera los gastos de franqueo para la respuesta y, teniendo en cuenta las actuales tarifas postales, a veces contestar la carta de un lector cuesta más de lo que él pagó para comprar el libro.

Aquí está mi obra. Espero que les guste. Confío en que la encuentren creíble, si así no fuera, tal vez esas personas no hayan alcanzado todavía la etapa evolutiva necesaria.

CAPITULO I

—¡Lobsang! ¡LOBSANG!

Confusamente comencé a emerger de las profundidades de un sueño producido por el agotamiento. Había sido un día terrible y ahora. . . me llamaban.

La voz retumbó de nuevo:

—¡Lobsang!

De pronto sentí a mi alrededor una conmoción, abrí los ojos y creí que la montaña se me caía encima. Una mano me alcanzó y, con un rápido tirón, me arrancó de mi lugar de reposo y me empujó hacia un costado, apenas a tiempo, pues una roca inmensa, de bordes filosos, se deslizó tras de mí y me desgarró la ropa. Me levanté de un salto y seguí a mi acompañante, semiaturdido, a un pequeño saliente, en la parte más extrema de lo que había sido una minúscula ermita.

A nuestro alrededor arreciaban las rocas y la nieve que se precipitaban hacia abajo. Repentinamente observamos la encorvada figura del viejo ermitaño que trataba de llegar a la mayor velocidad posible hasta el lugar en que nos encontrábamos. Pero no lo logró: una enorme masa de rocas rodó por la montaña y barrió con la ermita, el ermitaño y el saliente sobre el cual había estado apoyada aquélla, una prominencia que medía alrededor de sesenta metros y que voló como una hoja en una tormenta.

Mi Guía, el Lama Mingyar Dondup, me sostenía firmemente por los hombros. La oscuridad nos rodeaba: ni un solo destello de luz proveniente de las estrellas o

de las vacilantes velas de las casas de Lhasa. Todo era
oscuridad a nuestro alrededor.

Súbitamente se produjo una nueva andanada de inmensas rocas, acompañadas por arena, nieve y hielo. El
saliente sobre el cual nos encontrábamos en forma pre-
caria se inclinó hacia la montaña y nos deslizamos sin ce-
sar y, aparentemente, sin fin. Por último, nos detuvimos
en medio de un gran estrépito. Creo que durante un
cierto tiempo estuve desvanecido, pues recuperé de una
manera repentina la conciencia, y comencé a pensar de
nuevo en las circunstancias que nos habían hecho llegar
hasta esa alejada ermita.

Nos encontrábamos en el Potala jugueteando con un
telescopio que un caballero británico había regalado al
Dalai Lama en una demostración de buena voluntad. De
pronto observé banderas de oración que flameaban en lo
alto de la ladera de una montaña y parecían trasmitir
algo en una especie de código. Pasé con rapidez el telescopio a mi Guía y se las señalé.

El Lama, apoyando el aparato en el muro más alto
del Potala, miró fijamente durante un cierto tiempo, y
luego exclamó:

—El ermitaño necesita ayuda: está enfermo. Avise-
mos al Abad e informémosle que estamos preparados
para partir.

Cerró en forma brusca el telescopio y me lo entre-
gó para que lo llevara de nuevo al cuarto de regalos especiales del Dalai Lama.

Corrí con él, poniendo especial cuidado en no trope-
zar ni dejar caer el instrumento, el primero que había
visto en mi vida. Luego llené mi morral con cebada, revisé la yesca para comprobar su buen estado y me dediqué
a esperar al Lama Mingyar Dondup.

Al poco tiempo apareció con dos bultos, uno de
ellos grande y pesado, que colocó sobre sus hombros, y
el otro más pequeño, que depositó sobre los míos.

—Iremos a caballo hasta el pie de esa montaña; allí
despacharemos de vuelta los animales y continuaremos la
marcha trepando. Te aseguro que será una escalada difícil: la he hecho antes.

Montamos a caballo y descendimos por el camino tallado en escalones en dirección al anillo exterior de carreteras que rodea la ciudad de Lhasa. Pronto llegamos al cruce y, tal como lo hacía siempre, dirigí una rápida mirada hacia la izquierda, allí donde se encontraba la casa en que había nacido. Pero ahora no tenía tiempo para pensar en nada: habíamos asumido una misión de salvamento.

Los caballos comenzaron a marchar al paso, trabajosamente, jadeando y resollando. La ascensión era demasiado penosa para ellos, y sus patas resbalaban sobre las rocas. Por último, con un suspiro, el Lama dijo:

—Bien, Lobsang: aquí terminan su tarea los caballos. De ahora en adelante dependeremos de nuestras fatigadas piernas.

Descabalgamos, y el Lama les dio una palmada, exhortándolos a volver a casa. Dieron media vuelta y se alejaron al trote, con renovados bríos, ante la perspectiva de regresar en lugar de tener que seguir ascendiendo.

Reordenamos nuestros bultos y revisamos nuestros pesados bastones: cualquier defecto o rajadura podía resultarnos fatal. Luego registramos los otros elementos: teníamos yesca y pedernal y nuestras provisiones de alimentos se encontraban intactas. Por último, sin mirar hacia atrás, comenzamos a escalar la dura montaña rocosa que parecía de vidrio, pues era dura y resbaladiza. Introducíamos los dedos de las manos y de los pies en cualquier pequeña grieta a nuestro alcance y gradualmente, despellejándonos y raspándonos las manos, logramos llegar hasta un saliente. Allí nos detuvimos para recuperar el aliento y la fuerza. De una hendidura de la roca surgía un pequeño arroyo, de modo que pudimos beber, y luego hicimos un poco de "tsampa". No era muy sabroso, pues lo habíamos preparado con agua muy fría al no haber lugar en el saliente para hacer fuego. Pero después de comer "tsampa" y de beber nos sentimos bien y examinamos la forma de seguir subiendo. La superficie era lisa y parecía imposible que alguien pudiera trepar sobre ella, pero nos dispusimos a intentarlo, tal como lo habían hecho otros antes que nosotros. Poco a poco fuimos ascendiendo y gradualmente el diminuto punto que habíamos visto se tornó cada vez más grande hasta que pudimos divisar las rocas que formaban la ermita.

Esta se encontraba encaramada en el extremo mismo de un espolón rocoso que sobresalía de la montaña. Trepamos hasta encontrarnos por debajo del lugar y entonces, realizando un inmenso esfuerzo, llegamos hasta el costado del espolón donde nos quedamos sentados durante un cierto tiempo recuperando el aliento, pues estábamos muy por encima de la llanura de Lhasa y el aire estaba enrarecido y ligeramente frío. Por último, logramos ponernos nuevamente de pie, y esta vez nuestra marcha resultó mucho más fácil hasta que llegamos a la entrada de la ermita. El viejo ermitaño se asomó a la puerta. Miré hacia el interior y me sorprendió enormemente el tamaño de la habitación. En realidad, no había lugar para tres personas, por lo cual me resigné a permanecer afuera. El Lama Mingyar Dondup asintió en señal de aprobación y me alejé, mientras la puerta se cerraba tras de él.

En todo momento deben atenderse las necesidades naturales, y a veces la naturaleza puede urgir mucho, de modo que miré a mi alrededor tratando de encontrar una "instalación sanitaria". Justamente al borde del saliente había una roca lisa que se proyectaba aún más y en la cual pude observar un hoyo adecuado que, según lo advertí, había sido hecho o ampliado por la mano del hombre. En cuclillas sobre ese hoyo logré encontrar una solución a algo que me había desconcertado: en nuestra escalada pasamos ante montículos de residuos de aspecto peculiar y trozos amarillentos de hielo, algunas de las cuales parecían varillas amarillas. En ese momento me percaté de que esos montículos desconcertantes representaban pruebas de que en la ermita había vivido gente durante un cierto tiempo, y agregué despreocupadamente mi propia contribución.

Luego recorrí los alrededores y advertí que la roca era excesivamente resbaladiza; llegué hasta algo que era en forma evidente una roca movediza. Se trataba de una prominencia, y me pregunté sin mayor interés el motivo por el cual un saliente de roca ocupaba esa posición especial. Mi naturaleza inquisitiva me impulsó a examinar la roca con una atención superior a la habitual y mi interés creció porque era evidente que había sido hecha por el hombre. Pero ¿cómo era posible? Su posición resultaba sumamente extraña. Le di un puntapié, sin tener presente que estaba descalzo, por lo cual me lastimé los dedos de los pies. Calmé el dolor por un instante y luego me alejé del saliente para examinar la ladera opuesta, por la cual habíamos trepado. Era sorprendente y casi increíble que lo hubiéramos hecho por esa superficie cortada casi a pico. Al mirar hacia abajo parecía una lámina de roca pulida y me sentí muy mareado al pensar que debía descender por ella.

Regresé en busca de mi caja de yesca y del pedernal y tomé plena conciencia de mi situación inmediata. Me encontraba en algún lugar dentro de una montaña, prácticamente en cueros, desprovisto de la vital cebada, sin el tazón, la yesca y el pedernal. Debo de haber proferido entre dientes alguna exclamación no budista, porque escuché en un murmullo:

—Lobsang, Lobsang, ¿estás bien?

¡Ah! Mi guía, el Lama Mingyar Dondup, estaba conmigo. De inmediato me sentí tranquilizado y repliqué:

—Sí, aquí estoy; veo que perdí el conocimiento al caer; he perdido la ropa y todas mis pertenencias. No tengo la menor idea del lugar en que nos encontramos y de la forma de salir de aquí. Necesitamos un poco de luz para ver qué se puede hacer con las piernas.

Contestó:

—Conozco muy bien este paraje. El viejo ermitaño era el guardián de grandes secretos del pasado y del futuro. Aquí está la historia del mundo desde el instante en que comenzó hasta el momento en que terminará.

Se detuvo por un momento y luego continuó:

—Si te encaminas por la pared hacia la izquierda llegarás a una arista. Empujándola con fuerza se deslizará hacia atrás y te permitirá el acceso a un gran nicho donde encontrarás ropas de repuesto y una gran cantidad de cebada. En primer término debes abrir el armario y buscar yesca, pedernal y velas. Los encontrarás en el tercer estante contando desde abajo. Cuando dispongamos de luz podremos examinar la forma de ayudarnos el uno al otro.

Miré con atención hacia la izquierda del Lama y luego tanteé con la mano la pared del pasillo. Parecía una búsqueda inútil, pues era totalmente lisa, tan lisa como si la hubieran tallado manos humanas.

Cuando estaba por abandonar la búsqueda encontré un agudo trozo de roca. En realidad, me lastimé los nudillos contra ella, y me saqué un trozo de piel. No obstante, empujé una y otra vez hasta creer que no lograría encontrar lo que buscaba en el nicho. Realicé un tremendo esfuerzo y la roca se deslizó hacia un costado, con un chirrido aterrador. Había efectivamente un nicho, y al tanteo comprobé la existencia de los estantes. Concentré mis esfuerzos en el tercero contando desde abajo. Allí había lámparas de grasa y localicé el pedernal y la yesca. Se trataba de la más seca que había visto en mi vida e inmediatamente produjo una llama. Encendí la mecha de una vela antes de extinguir con suma rapidez la yesca, que ya estaba comenzando a quemarme los dedos.

—Dos velas, Lobsang, una para ti y otra para mí. Aquí tenemos una amplia provisión que bastaría, si fuera necesario, para una semana.

El Lama se quedó callado; miré a mi alrededor para ver qué había en el nicho que pudiéramos utilizar. Advertí un bastón metálico, que parecía de hierro, apenas podía levantarlo. Pero me parecía que con él podríamos hacer palanca contra la roca, liberando las piernas del Lama. Por ese motivo regresé con una vela y le señalé lo que me disponía a hacer. Luego me dirigí a buscar esa barra metálica. Que me parecía el único medio para liberar a mi Guía y amigo de esa roca que lo tenía aprisionado.

Cuando logré llegar hasta ella introduje en su parte inferior la barra metálica y me apoyé con las manos y las rodillas, tratando de hacer palanca. Había gran cantidad de rocas en el lugar, pero dudé de mis propias fuerzas pues a duras penas podía levantar la barra. Finalmente, elaboré un plan de acción: si daba al Lama uno de los bastones, tal vez podría empujar una piedra por debajo de la roca siempre que lograra levantarla un poco. Estuvo de acuerdo en que tal vez ello fuera posible y agregó:

—Es lo único que podemos hacer, Lobsang, pues si no logro liberarme de esta roca, aquí quedarán mis huesos, de modo que intentémoslo.

Encontré un trozo de piedra más o menos cuadrada, cuyo espesor era de unas cuatro manos. Lo acerqué hasta la roca y luego entregué al Lama un bastón de madera para que intentara su contribución. Comprendimos que, si yo lograba levantar la mitad de la roca, la víctima podría empujar la piedra cuadrada por debajo, lo que nos daría el espacio necesario para sacar sus piernas de allí.

Estudié detenidamente la roca y el lugar en que se apoyaba en el suelo para encontrar algún punto en el que pudiera introducir la barra con seguridad. Al fin hallé ese punto e introduje con fuerza el extremo aguzado de la barra, tan lejos como pude, por debajo de la roca. Luego resultó simple buscar y encontrar otra gran piedra y colocarla por debajo de la barra, cerca del extremo aguzado.

—Listos —grité y, casi sorprendido por el eco de mi voz, empujé hacia abajo con toda la fuerza, aplicando mi peso sobre la barra de hierro que no se movió: mi fuerza no era suficiente. Descansé por un instante y luego busqué la piedra más pesada. Después de encontrarla la levanté y la llevé hasta la barra de hierro. La coloqué sobre su extremo y le agregué todo mi peso, sosteniéndola al mismo tiempo para impedir que cayera de la barra. Con gran alegría observé un pequeño movimiento y una sacudida, y lentamente la barra se inclinó hacia abajo, llegando al nivel del piso. El Lama Mingyar Dondup me dijo:

—Vamos muy bien, Lobsang, ya he colocado la piedra allí abajo. Ahora puedes soltar la barra y sacar mis piernas.

Me sentí muy satisfecho y volví al otro costado del peñasco; efectivamente, las piernas del Lama aparecieron a la vista, pero estaban despellejadas y sangrantes y temíamos que se hubieran quebrado. En forma muy cautelosa intentamos moverlas, y el Lama logró hacerlo, de modo que me recosté y me deslicé por debajo de la roca hasta alcanzar sus pies. Luego le sugerí que levantara el cuerpo con los codos y tratara de tirarse hacia atrás mientras yo lo empujaba por las plantas de los pies. En forma muy prudente lo hice; resultó evidente que, si bien las laceraciones de la piel y la carne eran graves, no había huesos fracturados.

El Lama continuó tratando de extraer sus piernas de la roca que las aprisionaba. Era muy difícil y hube de empujar con todas mis fuerzas y doblar algo sus miembros para evitar una arista de piedra bajo la roca. Supuse que esa arista era lo único que había salvado sus piernas de quedar totalmente aplastadas, pero ahora nos ocasionaba dificultades. Por fin, con suspiros de alivio, conseguimos liberar las piernas y me deslicé por debajo de la roca para ayudarlo a sentarse sobre un saliente.

Dos pequeñas velas significan mucho, por lo cual regresé al nicho de piedra y volví con media docena más, en una especie de canasto.

Las encendimos todas y examinamos con sumo cuidado las piernas: estaban literalmente en jirones. Desde los muslos hasta las rodillas aparecían fuertemente descarnadas y desde las rodillas hasta los pies las carnes colgaban porque habían quedado cortadas en largas bandas.

El Lama me pidió que regresara al nicho y buscara algunos trapos que se encontraban en una caja. Me rogó también que le trajera una jarra que contenía un poco de pasta. La describió con exactitud. Regresé con la jarra, los trapos y algunas otras cosas. El Lama Mingyar Dondup se animó sumamente al observar que también había traído una loción desinfectante. Lavé sus piernas desde la cadera hacia abajo y luego, a su pedido, volví a poner en su lugar las tiras colgantes de carne recubriendo los huesos de las piernas que se advertían con mucha claridad, de modo que los cubrí con las carnes y luego las "pegué" con el ungüento que había traído. Después de media hora éste estaba casi seco y se tenía la impresión de que las piernas se encontraban aprisionadas en moldes firmes, que parecían de yeso.

Rasgué algunos de los trapos, convirtiéndolos en tiras, y los enrollé alrededor de las piernas para contribuir a mantener el "yeso" en su lugar. Luego llevé de nuevo todas las cosas al nicho de piedra, salvo nuestras velas, ocho en total. Apagamos seis y pusimos las otras entre nuestras ropas. Levanté nuestros dos bastones de madera, y los entregué al Lama, que los aceptó mostrando agradecimiento. Luego le dije:

—Iré al otro lado de la roca para examinar de qué manera lo sacaré de aquí.

El Lama sonrió y me contestó:

—Conozco todo acerca de este lugar, Lobsang. Ha permanecido aquí durante alrededor de un millón de años y lo construyó la gente que pobló por primera vez nuestro país. Siempre que no se hayan desplazado algunas rocas, bloqueando el camino estaremos seguros durante una semana o dos.

Hizo una seña con la cabeza en dirección al mundo exterior y afirmó:

—No es probable que logremos salir de esa manera y, si no podemos pasar a través de alguna de las hendiduras volcánicas, más adelante algunos exploradores, en un millar de años, más o menos, podrían encontrar dos interesantes esqueletos sobre los cuales meditar.

Me desplacé hacia adelante, pasando al costado del túnel y la roca. El pasaje era tan angosto que me pregunté de qué manera podría cruzarlo el Lama. Sin embargo, reflexioné que donde hay una voluntad hay un camino, y llegué a la conclusión de que, si me ponía en cuclillas en la parte inferior de la roca, el Lama podría caminar sobre mí y se elevaría mucho más, de modo que sus piernas y sus caderas superarían la parte más sobresaliente de la roca. Cuando le sugerí este procedimiento se mostró muy reacio a ponerlo en práctica, afirmando que él era demasiado pesado para mí, pero después de algunos penosos ensayos llegó a la conclusión de que

19

no había otro remedio. En consecuencia, apilé algunas piedras alrededor de la roca para disponer de un lecho bastante llano para acurrucarme y luego, apoyado en las manos y las rodillas, me dirigí al Lama diciéndole que estaba preparado. Con suma rapidez colocó un pie sobre mi hombro derecho y el otro sobre mi hombro izquierdo y con un solo movimiento pasó del otro lado, dejando atrás la roca y llegando a un terreno despejado. Me levanté y observé que traspiraba terriblemente a causa del dolor y el temor de hacerme daño.

Nos sentamos un instante para recuperar el aliento y las fuerzas. No podíamos tomar "tsampa" pues habíamos perdido nuestros cuencos, lo mismo que la cebada, pero recordé que en el nicho de piedra había ambas cosas. Regresé y revolví hasta encontrar los cuencos de madera; elegí el mejor para el Lama y otro para mí. Luego los restregué bien con arena fina, que abundaba en ese túnel.

Apoyé los dos cuencos sobre un estante, uno al lado del otro, y los llené con una buena cantidad de cebada. Luego, sólo era necesario encender un pequeño fuego; había yesca y pedernal en el nicho, y también leña. Con un trozo de manteca que encontramos obtuvimos el pegajoso plato que llamábamos "tsampa". Sin decir una palabra nos sentamos y comimos. Luego nos sentimos mucho mejor y en condiciones de continuar nuestra tarea.

Revisé el estado de nuestras provisiones, que habíamos logrado reabastecer con lo que encontramos en el nicho. Teníamos tan sólo un cuenco cada uno, yesca y pedernal, y una bolsa de cebada. Esas eran todas nuestras pertenencias; había que agregarles dos sólidos bastones de madera.

Una vez más nos dispusimos a continuar nuestra marcha, golpeados y magullados. Después de caminar durante un lapso tan largo que parecía una eternidad, tropezamos con una peña que cruzaba el camino, en el extremo del túnel. Así lo creí por lo menos. Pero el Lama dijo:

—Este no es el fin; empuja esa piedra desde abajo y

se inclinará, despejándonos el camino. Luego, si nos agachamos, lograremos pasar.

Empujé la base de la piedra, tal como me lo indicaba; se movió con un tremendo chirrido, colocándose en posición horizontal. La sostuve, para estar seguro, mientras el Lama se deslizaba dificultosamente por debajo. A continuación volví a colocarla en posición correcta.

Nos encontramos en medio de una tremenda oscuridad que parecía aún mayor a la luz de nuestras velas que se derretían. El Lama dijo:

—Apaga tu vela, Lobsang. Yo apagaré la mía y veremos la luz.

¡Ver la luz del día! Pensé que sus experiencias y el dolor que debía padecer le producían alucinaciones. No obstante, apagué mi vela y durante un cierto tiempo sentí el olor de la mecha humeante, saturada de grasa rancia. El Lama dijo:

—Espera unos instantes y tendremos toda la luz que necesitamos.

Quedé atónito, en la más completa oscuridad, sin que se percibiera un destello de luz en ninguna parte. Podría haberla llamado "oscuridad sonora" porque se escuchaban sordos ruidos, pero los alejé de mi mente, pues de pronto observé algo que parecía la salida del sol. Sobre una cosa que tenía el aspecto de una habitación apareció una esfera deslumbrante, roja y parecida a un metal incandescente. Pronto el color rojo se disipó, convirtiéndose en amarillo y luego en blanco, el blanco azulado del amanecer. De pronto, todas esas cosas se revelaron en su desolada realidad. Allí estaba yo con la boca abierta, maravillado por lo que veía. La habitación, para llamarla de alguna manera, ocupaba un espacio mayor que el Potala, que había cabido íntegro en el lugar donde nos encontrábamos. La luz era brillante, y me sentí casi hipnotizado por la decoración de las paredes y los extraños objetos diseminados por el piso sin que tropezáramos contra ellos al caminar.

—Un lugar sorprendente, ¿no es cierto, Lobsang? Fue hecho muchos años antes de lo que puede concebirlo la mente del hombre. Era el cuartel general de una raza especial que podía viajar por el espacio y lograr prácticamente todo lo que se proponía. Durante millones de años continuó funcionando, y todo está intacto. Algunos de nosotros fuimos conocidos como los Guardianes del Templo Interior; el Templo Interior es éste.

Examiné la pared más cercana, que parecía estar cubierta por cierto tipo de escritura, e instintivamente comprendí que no se trataba de la escritura de ninguna raza humana actual. El Lama captó mis pensamientos telepáticamente y replicó:

—Sí, Lobsang, este lugar fue construido por la Raza de Jardineros que trajeron a este mundo a los seres humanos y a los animales.

Dejó de hablar y señaló una caja fijada contra una pared a escasa distancia. Me pidió que fuera hasta ella y buscara dos varillas cruzadas en su extremo por una pequeña barra. Obedecí y, al llegar al armario que me señalaba, la puerta se abrió con facilidad y su contenido me fascinó. Parecía estar llena de elementos de uso médico. En un rincón había un cierto número de esas varillas con la barra que cruzaba un extremo. Tomé dos y vi que podrían sostener a un hombre. En aquella época no sabía lo que era una muleta. El Lama colocó inmediatamente esas barras cortas bajo las axilas y empuñó una especie de agarradera que sobresalía de las varillas.

—Estos dispositivos, Lobsang, ayudan a los inválidos a caminar. Ahora me dirigiré a ese armario, me colocaré un yeso apropiado en las piernas y podré caminar como siempre hasta que la carne y las heridas se curen.

Se puso en movimiento y, como soy naturalmente curioso, lo seguí. El Lama me dijo:

—Lleva nuestros bastones hasta ese rincón y déjalos allí para que podamos utilizarlos cuando los necesitemos.

Se dio vuelta y continuó revolviendo el armario, mientras yo llevaba los dos bastones, apoyándolos contra el rincón de ese armario.

—Lobsang, Lobsang, ¿crees estar en condiciones de arrastrar nuestros bultos y esa barra de acero? No es hierro, como tú creías, sino algo mucho más fuerte y más duro que llaman acero.

Recorrí en sentido inverso el camino y llegué hasta la piedra movediza que habíamos sorteado para entrar. La empujé y giró, colocándose en posición horizontal, inmóvil. No tuve problemas en deslizarme por debajo de ella y la dejé tal como estaba. La luz era una verdadera bendición que iluminaba bastante el túnel; podía verlo en todo su recorrido, hasta la gran roca que nos había causado tantas dificultades. Los bultos, con todas nuestras pertenencias, se encontraban del otro lado. Con gran dificultad traspuse la roca y los alcé. Parecían sumamente pesados, y atribuí nuestra debilidad a la falta de alimentos. Primeramente regresé con los dos bultos; los dejé en el umbral y luego volví para buscar la barra de acero. A duras penas podía levantarla. Me hacía jadear y gruñí como un viejo, hasta que decidí dejar caer un extremo mientras asía firmemente el otro. Comprobé, caminando hacia atrás y arrastrando la barra de acero con ambas manos, que apenas podía moverla. Me costó mucho hacerle trasponer la roca, pero después resultó bastante fácil trasportarla.

Luego tuve que empujar los bultos por debajo de la piedra movediza, arrastrándolos a través de la inmensa habitación. Tomé en mis manos la barra de acero y llegué a la conclusión de que no había movido algo tan pesado en toda mi vida. Conseguí introducirla, y luego empujé hacia abajo esa sección de la puerta, de tal modo que nos encontramos de nuevo frente a una pared lisa, sin aberturas.

El Lama Mingyar Dondup no había perdido el tiempo. Sus piernas estaban envueltas por una brillante lámina de metal y parecía de estar de nuevo perfectamente bien.

—Lobsang, comamos algo antes de recorrer el lugar, porque debemos permanecer aquí alrededor de una semana. Mientras traías estas cosas —señaló los bultos y la barra de acero— me comuniqué telepáticamente con un amigo en el Potala y me dijo que se ha desencadenado una terrible tormenta. Me aconsejó permanecer aquí hasta que la tormenta amaine. Los pronosticadores del tiempo sostienen que la tormenta durará cerca de una semana.

Me sentí realmente triste porque estaba cansado de ese túnel y ni siquiera la habitación podía interesarme mucho. A pesar de su tamaño, provocaba una cierta claustrofobia, lo cual parece imposible, pero no lo es. Me sentía como un animal enjaulado. Pero las punzadas del hambre resultaron más fuertes que todos los temores y me causó gran placer advertir que el Lama preparaba nuestra comida. Yo pensaba que la hacía mejor que cualquiera, y resultó muy agradable sentarse a disfrutar de una comida caliente. Comí un bocado de eso a lo cual dábamos por cortesía el nombre de "tsampa", y me maravilló su sabor: era muy agradable, por cierto. Sentí que mis fuerzas volvían y que mi melancolía se disipaba. Después de terminar todo mi cuenco, el Lama dijo:

—¿Ha sido suficiente para ti, Lobsang? Puedes comer cuanto quieras. Aquí abunda la comida. En realidad, alcanza para alimentar una pequeña lamasería. En algún momento te diré algo al respecto, pero ahora ¿quieres comer algo más?

—¡Gracias! —repliqué—. Con mucho gusto aceptaré un poco más pues tiene un sabor muy agradable. Nunca probé nada tan sabroso.

El Lama ahogó una risa mientras me servía más comida y luego rompió a reír francamente.

—Mira, Lobsang, mira esta botella. Se trata del mejor brandy, totalmente de uso médico. Creo que nuestro encarcelamiento justifica un poco de brandy para darle sabor al "tsampa".

Tomé el cuenco que me brindaba y lo olí para apreciar su aroma, pero al mismo tiempo con serias dudas, pues me habían enseñado que esas bebidas intoxicantes eran obra de los Demonios. Ahora el Lama me alentaba a la bebida. No importa, pensé, es bueno cuando uno no se siente demasiado fresco.

Me puse a comer y pronto me encontré metido en un berenjenal. Sólo disponíamos de nuestros dedos: no había cuchillo, tenedor ni cuchara, ni siquiera palillos, únicamente dedos, y después de las comidas debíamos limpiarnos las manos con arena fina, que desprendía los restos de "tsampa" con suma eficiencia, pero que a veces también nos despellejaba si procedíamos con excesiva energía.

Me quité el "tsampa" no sólo con los dedos sino también con la palma de la mano derecha y luego, de pronto, sin ningún aviso previo caí hacia atrás. Prefiero decir que quedé dormido por exceso de cansancio, pero luego el Lama, al relatar la anécdota al Abad, le dijo riendo que yo estaba totalmente borracho. Borracho o no, dormí durante mucho tiempo; cuando me desperté, la hermosa luz dorada continuaba iluminando la habitación. Eché una mirada a lo que suponía era el cielorraso, pero se encontraba tan lejos que resultaba imposible decir dónde estaba. Era realmente una habitación inmensa, como si toda la maldita montaña fuera hueca.

—Es luz solar, Lobsang, y dispondremos de ella veinticuatro horas por día. Carece en absoluto de calor y tiene exactamente la misma temperatura que el aire que nos rodea. ¿No crees que es mejor una luz como ésta que las velas malolientes y humeantes?

Miré de nuevo a mi alrededor. No podía comprender que hubiera luz solar cuando estábamos sepultados en una habitación en el seno de la roca, y se lo dije. El Lama replicó:

--Es verdad, ésta es la maravilla de las maravillas. Siempre lo he sabido, pero nadie comprende de qué manera funciona. La luz fría es un invento milagroso, que data de un millón de años atrás. Alguien descubrió un método para almacenar la luz solar y disponer de ella aun en las noches más oscuras. No la tenemos ni en la ciudad ni en el templo porque no sabemos cómo generarla. Es el único lugar que conozco donde existe este tipo de iluminación.

- Un millón o algo así, ha dicho usted, pero es algo que está casi más allá del alcance de mi comprensión. Sé

que es una cifra formada por un uno, un dos o un tres,
o algo así, seguido por una cierta cantidad de ceros, pienso que seis, pero es sólo una conjetura. En todo caso,
es un número tan grande que no puedo entenderlo.
Para mí no tiene sentido. Diez, veinte años, bueno,
eso significa algo, pero más. . . no.

—¿Cómo se construyó esta habitación? —pregunté,
mientras recorría con los dedos algunas inscripciones
de la pared. Retrocedí lleno de temor, pues se produjo
un "click" y una parte de pared se deslizó hacia atrás.

—¡Lobsang! ¡Lobsang! Has hecho un descubrimiento. Ninguno de nosotros, a pesar de haber estado aquí,
conocía la existencia de otra habitación.

Cautamente pasamos a través del umbral abierto y,
no bien nuestras cabezas traspusieron la puerta, la luz se
trasladó con nosotros, observé que, a medida que dejá-
bamos la inmensa habitación en que habíamos estado,
la luz desaparecía.

Miramos a nuestro alrededor, casi atemorizados de
movernos, porque no sabíamos qué peligros nos esperaban o en qué trampas podíamos caer; pero de alguna
manera tomamos coraje y caminamos hacia "algo" de
gran tamaño que se encontraba èn medio de la habitación. Era una estructura impresionante que en una época
había sido sin duda reluciente, pero ahora tenía un
brillo gris oscuro, la altura de cuatro o cinco hombres
y el aspecto de dos platos, uno encima del otro.

Recorrimos el lugar; en un rincón más alejado observamos una escalera de metal gris, que se extendía
desde un umbral situado en la máquina hasta el piso.
Me precipité hacia adelante, olvidando que en calidad
de hombre joven que había recibido las Sagradas Orde-
nes debía actuar con más decoro. Trepé presuroso la escalera, sin preocuparme siquiera por comprobar si estaba
fijada de una manera segura. Lo estaba. Una vez más,
al cruzar mi cabeza el umbral, se hizo la luz en el interior
de la máquina. El Lama Mingyar Dondup, para no ser
menos, trepó hacia el interior de la máquina, y dijo:

—Caramba, Lobsang, éste es uno de los carros de
los Dioses. Los has visto revolotear, ¿no es cierto?

26

—Sí, señor, por cierto —repliqué— sabía que había dioses que atravesaban nuestra tierra para ver si todo estaba en orden pero, desde luego, nunca había visto uno tan cerca.

CAPITULO II

Miramos a nuestro alrededor y nos pareció estar en una especie de pasillo, rodeado a ambos lados por casilleros, armarios, o algo por el estilo. De todos modos, y al tanteo, una manija y un gran cajón se deslizaron hacia afuera, en forma tan suave como si fueran recién construidos. En su interior había toda clase de extraños dispositivos. El Lama Mingyar Dondup, que miraba por encima de mi hombro, tomó una de las piezas, y dijo:

—¡Vaya! Aquí hay piezas de repuesto. No cabe duda de que en estos casilleros encontraremos repuestos suficientes para que este dispositivo funcione de nuevo.

Cerramos el cajón y seguimos adelante. La luz seguía precediéndonos y se disipaba a medida que caminábamos. Pronto llegamos a una amplia habitación; al entrar se iluminó brillantemente y ambos quedamos boquiabiertos, pues era evidente que nos encontrábamos en el cuarto de control de la máquina. Pero lo que nos llenó de asombro era el hecho de que allí había hombres. Uno de ellos, sentado en lo que me pareció la silla de control, observaba una escala métrica situada sobre una mesa frente a él. Había una buena cantidad de metros, y supuse que se preparaba para despegar.

—¿Cómo es posible que estos seres tengan millones de años? —pregunté—. Parecen vivos, pero están totalmente dormidos.

Otro hombre estaba sentado ante una mesa, con algunos grandes mapas frente a él. Tenía la cabeza entre las manos y los codos apoyados sobre la mesa. Nosotros

29

hablábamos en voz baja. El espectáculo resultaba estremecedor y nuestra ciencia era poco menos que nada comparada con lo que presenciamos.

El Lama Mingyar Dondup tomó una de las figuras por los hombros y dijo:

—Creo que estos hombres se encuentran en estado de vida latente. Pienso que se podría devolverles la vida, pero no sé cómo hacerlo, y no sé qué pasaría si supiera hacerlo. Como no ignoras, Lobsang, existen otras cavernas en esta cordillera y hemos visitado una con extraños dispositivos como escaleras que, al parecer, trabajaban mecánicamente. Pero esto supera todo lo que he visto hasta ahora, y como uno de los más antiguos Lamas, responsable de mantener intactas estas cosas, puedo decirte que se trata de una de las más maravillosas entre todas. Me pregunto si no existirán manijas para abrir otros cuartos. Pero primero observemos bien éste. Disponemos de una semana, pues creo que necesitaré por lo menos ese lapso antes de bajar por la ladera de la montaña.

Giramos alrededor de todas las figuras, siete en total, que nos dieron la impresión de estar preparadas para despegar, cuando ocurrió algo terrible. Parecía un terremoto que amontonaba pesadas rocas sobre lo que probablemente era un techo corredizo.

El Lama se detuvo y se acercó a otro hombre que tenía un libro de notas frente a él. Era evidente que había estado registrando lo que sucedía, pero no podíamos leer la escritura, pues carecíamos de una base para establecer si se trataba de letras y diagramas o simplemente de símbolos técnicos. El Lama dijo:

—En todas nuestras búsquedas no hemos encontrado nunca algo que nos permitiera traducir... espera un minuto —agregó con una extraña excitación en su voz—. Eso que está allí creo que es la máquina de hablar. Desde luego, supongo que no funcionará después de tanto tiempo, pero lo intentaremos.

Nos acercamos al instrumento que había mencionado el Lama y observamos que tenía la forma de una caja, más o menos en la mitad inferior había una línea que

lo rodeaba por completo. Empujamos sobre la superficie, por encima de la línea y, para nuestra satisfacción,
la caja se abrió. En su interior observamos ruedas y algo
que parecía el mecanismo de trasporte de la cinta metálica de un carrete a otro. El Lama Mingyar Dondup
observó todos los botones dispuestos al frente del aparato. De pronto saltamos casi hasta el techo y estuvimos
a punto de darnos vuelta y huir pues de la parte superior
de la caja comenzó a salir una voz, una voz extraña,
muy distinta de la nuestra. Parecía la voz de un confe-
renciante extranjero, pero no sabíamos de qué hablaba.
Y luego, ante nuestra sorpresa, de la caja comenzaron a
salir ruidos. Supongo que se trataba de música, pero
para nosotros eran ruidos discordantes. Mi Guía oprimió otro botón y el ruido desapareció.

Estábamos ambos agotados por lo que habíamos
descubierto. Nos sentamos en objetos que evidentemente
eran sillas, y sentí pánico porque me pareció que me
hundía como si en realidad estuviera sentado en el
aire.

No bien nos recuperamos, el Lama Mingyar Dondup dijo:

—Tal vez nos convenga comer un poco de "tsampa"
para reanimarnos, pues creo que ambos estamos agotados.

Buscó un lugar donde fuera posible encender un pequeño fuego para calentar el "tsampa" y pronto lo descubrió en una caseta fuera del cuarto de control. Al entrar en ella, la luz lo acompañó.

—Creo que es aquí el lugar donde preparaban su
comida porque todos estos botones no están como
adorno, tienen algún fin útil —dijo el Lama.

Señaló un botón con la figura de una mano dete-
nida, mientras en otro había un signo de llama; en su parte superior se encontraban diversos recipientes de metal.
Escogimos uno y al poco tiempo percibimos calor. El
Lama agitó una mano y dijo finalmente:

—Aquí está, Lobsang, siente esto; es el calor que necesitamos para cocinar.

Coloqué la mano en el lugar que indicaba el Lama,

LOBSANG RAMPA

pero demasiado cerca; tuvo que dar un salto atrás, presa
de cierta alarma. Mi Guía no hizo más que sonreír y ver-
tió el "tsampa" casi congelado en el recipiente metálico.
Luego lo apoyó sobre las barras, por encima de la fuente
de calor. Agregó agua y pronto una pequeña columna de
humo se elevó del recipiente. Entonces oprimió el botón
en el cual se encontraba el signo de la mano y la emana-
ción de calor cesó inmediatamente. El Lama sacó el plato
metálico de la fuente de calor y, con un objeto metálico provisto de un extremo cóncavo, sirvió el "tsampa"
en nuestros cuencos. Durante un cierto tiempo sólo se
escuchó el ruido que hacíamos al comer.

Cuando terminamos, le dije:

—Me gustaría tomar una buena cantidad de bebida.
Tengo mucha sed.

Al lado de la caja que producía calor observamos lo
que parecía una gran jofaina con dos manijas metálicas
en la parte superior. Giré una de ellas de la única manera
posible y comenzó a derramarse en la jofaina agua muy
fría. Giré la manija en sentido contrario y accioné la
otra, que era de color rojizo y comenzó a salir agua tan
caliente que me escaldé, no demasiado, pero lo suficiente
para hacerme dar un paso atrás. Volví a colocar la manija
en su posición original.

—Maestro —dije— si ésta es agua, debe de haber
estado aquí durante uno de esos millones de años de
los cuales usted hablaba. ¿Cómo es posible que podamos
beberla? Tendría que haberse evaporado o tener un sabor agrio, pero la encuentro muy agradable.

El Lama replicó:

—El agua se mantiene en buen estado durante años.
¿No ves lo que ocurre en los lagos y en los ríos? Eran
agua mucho antes del comienzo de la historia. En cuanto
a este líquido, supongo que proviene de un recipiente
hermético y por eso es posible consumirlo. Creo que
esta nave acababa de llegar aquí en busca de comida, y
tal vez para efectuar algunas reparaciones porque, a juz-
gar por la presión del agua, debe de haber una apreciable
cantidad en algún tanque. De todos modos, aquí hay
reserva suficiente para un mes.

Le contesté:

– Si el agua se ha mantenido fresca, también debe
de haber alimentos que estén igualmente frescos.

Me levanté con cierta dificultad, pues el asiento
parecía aferrarse a mí. Cuando apoyé las manos en los
brazos de la silla no sólo me sentí liberado, sino que me
encontré proyectado hacia arriba, hasta quedar de pie.
Después de recuperarme de mi estupor, comencé a tan-
tear las paredes de la pequeña cocina y observé una serie
de hendiduras que parecían carecer de toda finalidad.
Introduje el dedo en una de ellas y presioné, no pasó
nada. Presioné hacia el costado y tampoco ocurrió nada.
Me dirigí a otra, introduje directamente el dedo en la
hendidura, e inmediatamente un panel se deslizó hacia
un costado. Dentro de ese armario, gabinete, o llámelo
como usted quiera, había una cierta cantidad de jarras,
aparentemente sin ningún tipo de soldadura. Eran trasparentes, de modo que se podía observar su contenido.
Lo cierto es que se trataba de algún tipo de alimento.
Pero ¿cómo era posible preservarlos durante un millón
de años y aún más?

Analicé el problema, cada vez más desconcertado.
Había dibujos de alimentos que yo nunca había visto, y
algunos parecían encerrados en un recipiente trasparente
que no parecía posible abrir. Recorrí los armarios, aparadores o cuartos de almacenamiento, uno por uno, y me
encontré cada vez ante una nueva sorpresa. Yo conocía el
aspecto de las hojas de té, y en uno de los gabinetes había
recipientes a través de cuyas paredes se las veía.

Tuve otras sorpresas. Algunos de ellos contenían
evidentemente trozos de carne. Yo nunca había comido
carne, y hubiera deseado probar su sabor, comprobar
a qué se parecía.

Pronto me cansé de jugar en la cocina y salí a buscar al Lama Mingyar Dondup quien con un libro en la
mano y el ceño fruncido, se encontraba en un estado de
intensa concentración.

—Maestro —le dije— encontré el lugar donde guardan
los alimentos: los conservan en recipientes trasparentes,
pero no hay forma de abrirlos.

Me observó con la mirada en blanco durante un instante y luego estalló en una carcajada, mientras decía:

—Es cierto, en la actualidad la conservación de los alimentos no puede compararse en absoluto con la que se realizaba hace un millón de años. He probado carne de dinosaurio y era tan fresca como si se tratara de un animal recién matado. Enseguida iré contigo e investigaremos la situación.

Recorrí el cuarto de control y luego me senté para reflexionar. Si esos hombres tenían un millón de años, ¿por qué no se habían convertido en cenizas? Evidentemente era ridículo decir que tenían un millón de años cuando estaban del todo intactos y parecían estar vivos, esperando simplemente despertarse. Observé en los hombros de cada uno de ellos una especie de pequeño morral. Tomé uno y lo abrí. En su interior había curiosos trozos de alambre enrollados en bobinas y otros objetos de vidrio. El conjunto no tenía ningún sentido para mí. Vi luego un anaquel lleno de botones y apreté el primero. El miedo me hizo gritar: el cuerpo al cual había extraído el morral experimentó una brusca sacudida y se deshizo, transformándose en finísima ceniza, las cenizas de un millón de años, o aún más.

El Lama Mingyar Dondup acudió al lugar en que me encontraba petrificado por el miedo. Observó el morral y la pila de cenizas, y luego dijo:

—Existe una cantidad de cavernas de este tipo; he visitado algunas y aprendí a no apretar nunca un botón hasta saber para qué sirve, después de haberlo deducido por la vía teórica. Esos hombres sabían que iban a quedar enterrados vivos en algún tremendo terremoto. Por ese motivo el médico del barco había provisto a cada uno de ellos de un equipo de supervivencia colocado sobre los hombros. Luego los hombres cayeron en un estado de sueño profundo, con las funciones vitales suspendidas, de modo tal que no percibían nada de lo que ocurría en su interior o a su alrededor. Estaban tan cerca de la muerte como era posible, sin estar realmente muertos. Recibían una alimentación adecuada para mantener el cuerpo en funcionamiento, en mínima escala. Cuando tocaste este botón, que según veo es rojo, suspendiste la provisión de fuerza vital de este hombre. Al no disponer de ella, su edad real se puso de manifiesto en forma repentina y se convirtió inmediatamente en un montón de cenizas.

Recorrimos el lugar donde se encontraban los demás hombres y llegamos a la conclusión de que no podíamos hacer nada por ellos. Después de todo, tanto nosotros como el barco estábamos aprisionados en la montaña. Si esos hombres se despertaban representarían un peligro para el mundo. ¿Constituirían un riesgo para las lamaserías? Desde luego, poseían conocimientos que los mostrarían como dioses ante nuestros ojos, y temíamos convertirnos de nuevo en esclavos, pues existía en nosotros una memoria racial muy fuerte que nos recordaba que en cierta época lo habíamos sido.

Nos sentamos en el suelo, sin hablar, hundidos en nuestros propios pensamientos. ¿Qué ocurriría si apretáramos un botón u otro, y qué clase de energía era la que mantenía a esos hombres con vida, bien alimentados, durante más de un millón de años? Involuntariamente, nos estremecimos al mismo tiempo, nos miramos y el Lama dijo:

—Eres joven, Lobsang y yo soy viejo. He visto muchas cosas y me pregunto qué harías tú en un caso como éste. Esos hombres están vivos, no cabe ninguna duda. Pero, si les devolvemos por completo la vida ¿qué ocurrirá si son salvajes y nos matan por haber dejado morir a uno de ellos? Debemos pensarlo muy seriamente, pues no podemos descifrar las inscripciones.

Se detuvo porque yo me había puesto de pie, presa de gran excitación. Exclamé:

—Maestro, Maestro, acabo de encontrar un libro que parece una especie de diccionario en diferentes idiomas. ¿Nos será útil?

Sin esperar respuesta me dirigí rápidamente a un cuarto cerca de la cocina donde se encontraba el libro que parecía recién impreso. Lo tomé con ambas manos,

porque era pesado, y volví corriendo para mostrarlo
a mi Guía.

El Lama tomó el libro, y con una excitación mal di-
simulada, abrió sus páginas. Durante un cierto tiempo
su lectura lo absorbió por completo. Por último, advirtió que yo me encontraba en un estado de agitación
extrema, preguntándome de qué se trataba y por qué
no me decía algo al respecto.

—Lobsang, Lobsang, discúlpame —dijo el Lama—,
este libro es la clave de todo. Es un relato apasionante.
Me es posible leerlo pues está escrito en algo parecido
a nuestro lenguaje litúrgico. Por supuesto, las personas
corrientes no entienden el tibetano litúrgico, pero yo sí
puedo hacerlo, y te diré que este navío tiene alrededor
de dos millones de años. Opera con energía obtenida
de la luz, cualquier luz, la luz de las estrellas y del Sol.
Extrae energía de fuentes que ya la utilizaron y la han
trasmitido.

—Estos hombres —prosiguió, señalando de nuevo el libro— formaban un grupo malvado: eran servidores de
los Jardineros del Mundo. Pero es siempre la misma
vieja historia: se trata de hombres y de mujeres, y los
hombres desean a las mujeres tanto como las mujeres
desean a los hombres, pero esta nave estaba tripulada
por hombres que habían abandonado la gran Madre
Patria, y ésta, en realidad, es la que denominan una
nave de salvamento. Esos alimentos pueden comerse
sin problemas, así como también despertar a los hombres pero, por más tiempo que hayan quedado aquí,
continúan siendo renegados, pues intentaron encontrar mujeres demasiado pequeñas, y su asociación con
ellas representaría un tormento terrible. Se preguntan
si sus morrales con los dispositivos para mantener la vida
funcionarán o si la vida ha sido desconectada automáti-
camente del navío al cual se refieren como su Madre
Patria. Pienso que tendremos que experimentar todavía
un poco y leer algo más, porque me parece evidente
que, si se permite que estos hombres vivan, tienen tantos
conocimientos que podrían hacernos daños que no
podríamos superar nunca, pues esta gente nos trata como

ganado, como cosas sobre las cuales se pueden realizar experimentos genéticos. Ya nos hicieron mal con sus experimentos sexuales con nuestras mujeres, pero tú eres demasiado joven todavía para que pueda contártelo todo.

Recorrí el lugar. El Lama estaba recostado sobre el piso para aligerar sus piernas que le causaban muchos problemas. En mis recorridas llegué a una habitación enteramente de color verde, donde había una mesa de aspecto muy peculiar, iluminada por una gran lámpara, por todas partes se observaban cajas de vidrio.

—Caramba —reflexioné— es aquí donde deben curar a sus enfermos. Es preferible que lo comente con mi Maestro.

Me dirigí hacia donde se encontraba y le dije que había hallado una habitación muy peculiar, enteramente de color verde, con cosas extrañas encerradas en recipientes que parecían de vidrio, pero que sin duda alguna no lo eran. Se levantó lentamente y, con ayuda de los dos bastones, se encaminó hacia la habitación que había descubierto.

Yo iba adelante. Tan pronto entré, las luces penetraron conmigo, como si fuera pleno día, y el Lama se detuvo en el umbral, con una expresión de inmenso gozo.

—Muy bien hecho, Lobsang; hiciste dos descubrimientos. Estoy seguro de que esta información será bien recibida por Su Santidad, el Dalai Lama.

Recorrió el lugar mirando diversas cosas, tomando otras, y observando el contenido de algunos objetos —no sé cómo llamarlos— que se encontraban en los recipientes de vidrio y que estaban absolutamente más allá del alcance de mi comprensión. Por último, se sentó en una silla baja y quedó cautivado por un libro que había tomado de un estante.

Le pregunté:

—¿Cómo es posible comprender un idioma que, según usted me explica, tiene por lo menos un millón de años?

Realizando un esfuerzo dejó de lado el libro por un

instante, mientras reflexionaba sobre mi pregunta. Luego me dijo:

—Es una historia muy larga, Lobsang, que nos remonta al comienzó del mundo, por caminos que incluso algunos de los Lamas no pueden seguir. En pocas palabras, la cosa es así: este planeta estaba listo para ser colonizado, y nuestros Amos —me veo obligado a llamarlos Amos porque eran los jefes de los Jardineros y de otros mundos— decidieron que sobre la Tierra se debía criar a cierta especie que éramos nosotros.

—En un planeta muy lejano —prosiguió— situado fuera de este Universo se realizaron preparativos y se construyó una nave especial que podía viajar a una velocidad absolutamente increíble. Nosotros fuimos embarcados en el navío en calidad de embriones humanos. De alguna manera los Jardineros, como se los llamaba, nos trajeron aquí y no sabemos qué ocurrió entre el momento de la llegada de los embriones y las primeras criaturas que podrían llamarse humanas.

—Pero durante la ausencia de su Madre Patria se produjeron muchos acontecimientos. El viejo gobernante —o "Dios"- era anciano y ciertas personas con perversas intenciones ambicionaban su poder. Así fue cómo lograron desembarazarse de ese Dios y poner otro —que era un títere— para que gobernara en su lugar. Desde luego, esos renegados le dictaban lo que debía hacer.

—El navío regresó desde la Tierra y encontró una situación muy diferente. Los que volvían advirtieron que no eran bienvenidos y que el nuevo gobernante deseaba matarlos para desembarazarse de ellos. Pero los Jardineros que acababan de regresar de la Tierra lograron capturar a unas pocas mujeres de su propio tamaño y partieron de nuevo hacia el Universo Terrestre (como sabes, Lobsang, hay muchos universos diferentes).

—Llegados al mundo en que habían estado criando a seres humanos establecieron su propio dominio y construyeron varios artefactos parecidos a pirámides, mediante los cuales podían mantener una radiovigilancia sobre todo lo que se acercaba a la Tierra. Utilizaron a los seres humanos que habían criado como esclavos destinados a hacer todo el trabajo. Los Jardineros permanecían en el ocio e indicaban a sus siervos humanos lo que debían hacer.

—Los hombres y las mujeres —tal vez deberíamos llamarlos los superhombres y las supermujeres— terminaron por cansarse de los seres con quienes estaban asociados y se establecieron muchas relaciones sentimentales que provocaron disputas y toda clase de trastornos. Pero desde el espacio exterior apareció una nave espacial sin que los vigías de las pirámides la detectaran. Era amplia y, al aterrizar, lo hizo de tal forma que las personas que llevaba pudieron bajar y comenzaron a construir habitaciones. La gente que había llegado en primer término a la Tierra experimentó un resentimiento ante la aparición de estos hombres y mujeres espaciales y de una batalla de palabras se pasó a una lucha real que continuó durante un cierto tiempo. Se realizaron las más diabólicas invenciones. Por último, los que habían llegado en la gran nave espacial no soportaron más los problemas y enviaron cierto número de navíos que, al parecer, habían mantenido disponibles para una eventualidad de ese tipo, y dejaron caer bombas de un efecto terrible en todas las regiones en que vivían los hombres espaciales del otro bando.

—Se trataba de formas muy avanzadas de bombas atómicas; donde estallaban, todo quedaba sin vida. De la Tierra se levantó una luz deslumbrante y los hombres y las mujeres espaciales que la habían provocado regresaron a su gigantesca nave y se fueron.

—Durante un centenar de años apenas hubo formas vivas en la Tierra en las regiones bombardeadas pero, cuando disminuyeron los efectos de las radiaciones, la gente comenzó a deslizarse hacia afuera, sintiendo un gran temor ante lo que veía. Pero iniciaron una cierta forma de agricultura, utilizando arados de madera y cosas por el estilo.

—Pero, Maestro —exclamé— usted dijo que el mundo tiene más de 50 millones de años. Entonces, hay un montón de cosas que no comprendo en absoluto. Por ejemplo: esos hombres, no sabemos qué edad tienen como tampoco sabemos cuántos días, semanas o siglos han estado aquí. ¿Cómo es posible que los alimentos se hayan mantenido frescos durante todos estos años? ¿Por qué los hombres no se convirtieron en cenizas?

El Lama estalló en risas:

—Somos un pueblo inculto, Lobsang. Hubo gente mucho más inteligente en esta Tierra; sabes que hubo varias civilizaciones. Por ejemplo —señaló un libro en el estante— este libro comenta prácticas médicas y quirúrgicas de las cuales nunca hemos oído hablar en el Tibet, y no olvides que fuimos unos de los primeros pueblos que se instalaron en esta Tierra.

—Entonces, ¿por qué estamos a tanta altura, por qué nuestra vida es tan dura? Algunos de los libros ilustrados que usted trajo desde Katmandú muestran muchas cosas acerca de las cuales carecemos de conocimientos. En el Tibet no tenemos nada sobre ruedas.

—No, en efecto, existe un dicho muy antiguo, en el sentido de que cuando el Tibet permita introducir las ruedas, nuestro país será conquistado por una raza muy hostil. Estas predicciones parecen haber leído el futuro, y te diré, joven Lobsang, que efectivamente la gente podía hacerlo y disponía de instrumentos que permitían ver lo ocurrido en el pasado, lo que acontece ahora y lo que deparará el mañana —afirmó mi Guía.

—Pero, ¿cómo pueden durar tanto las cosas? Si se las abandona a su destino decaen, se parten en pedazos, se tornan inútiles por la falta de uso, como esa Rueda de la Oración en la vieja lamasería que usted me mostró, una hermosa obra de arte corroída e inmutable. ¿De qué manera esta gente logró impedir que las cosas entraran en decadencia? ¿Cómo podían suministrar la energía necesaria para mantenerlas en funcionamiento? Mire la forma en que las luces se encienden tan pronto como entramos en una habitación; nosotros no disponemos de nada por el estilo, empleamos velas malolientes de grasa o luces de emergencia. En cambio aquí contamos con luz tan buena como la del día, y no es generada en ninguna parte. Recuerde que usted me mostró en ese libro fotos de máquinas que trabajaban en un campo magnético y generaban lo que usted llamó electricidad. Nosotros no la tenemos. ¿Por qué estamos tan aislados?

Yo sentía un gran desconcierto.

El Lama se mantuvo silencioso durante cierto tiempo, y luego contestó:

—Deberás saber todo esto; terminarás por ser el Lama de mayores conocimientos entre todos los del Tibet y conocerás el pasado, el presente y el futuro. En esta cordillera montañosa había un cierto número de cavernas que en una época estuvieron unidas por túneles. Era posible pasar de una a otra y disponer durante todo el tiempo de luz y aire fresco, cualquiera fuese el lugar en que nos encontráramos. Pero en una época esta tierra del Tibet estuvo bajo el mar y la gente vivía en una llanura donde apenas había unas colinas bajas, pero disponían de fuentes de poder que no son totalmente desconocidas. Entonces se produjo una tremenda catástrofe porque, lejos de nuestra Tierra, los científicos de un país llamado Atlántida desencadenaron una tremenda explosión que arruinó este mundo.

—¿Arruinó este mundo? —exclamé—. Nuestra Tierra está perfectamente. ¿Por qué decir que está arruinada? ¿Por qué está arruinado el mundo?

El Lama se levantó y buscó un libro. Había muchos allí, entre los cuales eligió uno, donde encontró ciertas fotos. Luego me dijo:

—Mira, en una época este mundo estaba cubierto de nubes. Nunca se veía el sol y nada sabíamos acerca de las estrellas. Pero en esos tiempos la gente vivía centenares de años, no como ahora en que mueren tan pronto como han aprendido algo. En la actualidad la gente desaparece a causa de las radiaciones nocivas provenientes del Sol y porque nuestra cubierta protectora de nubes ha desaparecido; en consecuencia, llegaron rayos peligrosos que saturaron ·el planeta originando toda clase de enfermedades y aberraciones mentales. El mundo se encontró trastornado y se retorció bajo el impacto de esa tremenda explosión. Atlántida, que se encontraba muy lejos, en el otro extremo, se hundió bajo el océano, pero el Tibet, nuestro país, se elevó entre siete y nueve mil metros sobre el nivel del mar. La gente perdió la salud y durante mucho tiempo caía muerta porque a esa altura carecía de oxígeno suficiente y porque estábamos más cerca del cielo, allí donde las radiaciones son más fuertes.

Se detuvo por un instante, refregó sus piernas, que le causaban mucho dolor, y prosiguió:

—Existe una región remota de nuestro país que se mantuvo al nivel del mar, donde la gente se tornó cada vez más distante de lo que somos nosotros, y adquirió una mentalidad casi torpe. No tenían templos, no adoraban a los dioses, e incluso ahora recorren el mar en botes hechos con pieles, cazando focas, peces y otros animales. Existen algunas criaturas inmensas, con enormes cuernos en la cabeza, y esa gente mató muchas de estas bestias y comió su carne. Cuando llegaron otras razas, llamaron esquimales a estos pueblos del extremo norte. En nuestra parte del Tibet quedó la mejor gente, sacerdotes, sabios y médicos de gran prestigio; la parte que se separó del Tibet y se hundió al nivel del mar o, mejor dicho, se mantuvo al nivel del mar, albergaba a la gente de menor inteligencia, los trabajadores comunes, la gente ordinaria, los leñadores y los aguateros que permanecieron en el mismo estado durante más de un millón de años. Gradualmente se arrastraron hasta la superficie de la Tierra y lograron ganarse la vida estableciéndose en pequeñas granjas; y en un centenar de años las cosas parecieron normales y bien encaminadas.

— Antes de proseguir nuestras conversaciones te pediré que mires mis piernas pues me causan mucho dolor, y aquí veo un libro que muestra heridas parecidas a las mías. Ya he leído bastante para saber que padezco una infección.

Lo miré con extrañeza. ¿Qué podía yo, un discípulo ordinario, hacer en favor de tan gran hombre? Sin embargo, se encontraba ante mí.

Quité los trapos en que había envuelto sus piernas y experimenté horror ante lo que ví. Las piernas estaban cubiertas de pus y las carnes parecían sumamente inflamadas. Además, por debajo de las rodillas las piernas estaban hinchadas.

El Lama me dijo:

– Cumple exactamente mis instrucciones. En primer término, debemos conseguir algo para desinfectar mis piernas. Por suerte, aquí todo está en orden y en ese estante –lo señaló– encontrarás una jarra con una inscripción sobre el vidrio. Es el tercer recipiente desde la izquierda, sobre el segundo estante comenzando desde abajo. Tráelo y comprobaré si es el que corresponde.

Obedecí. Me encaminé a los estantes y deslicé hacia atrás una puerta que parecía de vidrio. Ahora bien: yo no sabía mucho acerca del vidrio, porque en el Tibet hay muy poco. Nuestras ventanas estaban cubiertas por papel embebido en aceite para hacerlas traslúcidas y permitir que una cierta cantidad de luz llegara a las habitaciones. Pero en su mayor parte la gente carecía de ventanas por no disponer de medios para obtener vidrio. Había que cruzar las montañas para comprarlo en la India.

Corrí hacia un costado la puerta de vidrio, miré las botellas y pensé: es ésta. La tomé y la llevé al Lama, quien leyó algunas instrucciones y luego me dijo:

—Tráeme ese gran recipiente invertido que está allí. En primer término lávalo bien. No olvides que disponemos de agua en cantidad ilimitada. Luego vierte en él un poco de agua: unos tres cuencos.

Hice lo que me pedía, restregué el recipiente, que ya estaba totalmente limpio, vertí en él tres cuencos de agua y se lo llevé. Para mi profunda sorpresa, el Maestro le hizo algo a la botella y la parte superior se desprendió. Exclamé:

—Maestro, ha roto el recipiente. ¿Debo tratar de encontrar otro?

—Lobsang, Lobsang —dijo el Lama—, realmente me haces reír. Si hay algo en esta jarra, debe de haber una forma de introducirlo en ella y luego de extraerlo. Esto es tan sólo lo que tú llamas un tapón. Lo utilizaré al revés y se convertirá en un dispositivo para medir. ¿Comprendes?

Miré el tapón invertido y advertí que, en efecto, era un instrumento de medida lleno de marcas desde arriba hasta abajo. El Lama continuó:

—Necesitaremos un poco de tela. En ese aparador encontrarás algunos bultos. Abre sus puertas para que yo pueda observar el interior.

Las puertas no eran de vidrio ni de madera sino de algo intermedio. Abrí y observé algunos géneros bien ordenados. El Lama dijo:

—Tráeme esa tela azul; a la derecha encontrarás otra blanca. Tráela también.

Me miró, observó mis manos y prosiguió:

—Ve a la canilla y lávate las manos. Cerca de la canilla hay una pastilla de material blanco. Humedece tus manos y luego úntalas con esa pastilla, poniendo sumo cuidado en limpiarte las uñas.

Lo hice, y me llamó mucho la atención hasta qué punto se aclaró mi piel. Era como ver a un negro por primera vez, completamente oscuro, y luego observar las palmas de sus manos, de color rosado. Ahora bien, mis manos parecían casi rosadas y estaba por secarlas en mis vestimentas cuando el Lama exclamó:

— ¡Deténte!

Señaló algo que había extraído del paquete blanco.

—Seca tus manos con eso y no toques tus vestimentas sucias después de haberlo hecho. Necesitas manos limpias para realizar esta tarea.

Resultaba realmente interesante observarlo porque había puesto un lienzo limpio sobre el suelo, y sobre el lienzo varias cosas: una jofaina, un instrumento parecido a una cuchara y otro objeto que yo no conocía en absoluto. Es muy difícil describirlo, porque nunca había visto nada por el estilo. Parecía un tubo de vidrio con marcas; en un extremo se observaba una aguja de acero y en el otro un pomo. En el tubo, que evidentemente era hueco, había una cierta cantidad de líquido coloreado que burbujeaba y echaba chispas.

El Lama dijo:

—Escúchame con atención. Debes limpiar la carne hasta llegar al hueso. Disponemos de los frutos de una ciencia maravillosa y muy avanzada y vamos a aprovecharlos plenamente. Toma este émbolo y extrae su extremo del tubo; espera, lo haré yo. Luego hunde esa aguja en mi pierna, aquí mismo —indicó un determinado lugar—; eso la tornará insensible, pues, de otro modo, probablemente me desmayaría por el dolor intolerable que me ocasionará la curación. Ahora hazlo.

Extraje lo que él había llamado émbolo, miré al Lama y me estremecí.

—No puedo hacerlo, tengo mucho temor de hacerle daño.

—Lobsang, un día serás un Lama médico y a veces tendrás que hacer sufrir a las personas para curarlas. Ahora haz como te digo y hunde esa aguja: te avisaré si el dolor es excesivo.

Tomé de nuevo la cosa en mis manos. Temía desmayarme, pero... órdenes son órdenes. La empuñé no muy lejos de donde la aguja se unía con el tubo, cerré los ojos y pinché con rapidez. El Lama no se quejó en lo más mínimo, por lo cual abrí los ojos ¡y observé que estaba sonriendo!

—Lobsang, lo has hecho muy bien, no he sentido ni el pinchazo. Vas a tener éxito como Lama médico.

Lo miré lleno de dudas creyendo que se burlaba de mí, pero no, era perfectamente sincero en lo que decía. Prosiguió:

—Ahora ha transcurrido bastante tiempo; esta pierna ha quedado totalmente insensible y, en consecuencia, no sentiré dolor. Quiero que tomes ese instrumento —se llama fórceps— y pongas un poco de este líquido en un cuenco; luego limpia cuidadosamente la pierna hacia abajo; hacia abajo, no hacia arriba. Presiona de una manera bastante firme y observarás que el pus se desprende en grumos. Bueno, cuando hayas extraído una buena cantidad tendrás que. ayudarme para que me desplace a otro lugar.

Tomé el instrumento que el Lama había llamado fórceps y comprobé que podía recoger en mis manos un manojo bastante grande de algodón. Lo humedecí con cuidado en el cuenco y limpié sus piernas. Era absolutamente increíble ver de qué manera el pus y la sangre desecada salían de las heridas.

Limpié por completo esa pierna, tanto el hueso como la carne. Luego el Lama dijo:

—Este es un polvo. Quiero que lo utilices sobre las heridas llegando hasta el mismo hueso. Desinfectará las piernas e impedirá que se forme de nuevo pus. Luego deberás vendarlas con una tela que extraerás de ese paquete azul.

Continué limpiando la pierna una y otra vez, la espolvoreé con el polvo blanco y luego utilicé un poco de envoltura plástica. Por último la vendé, en forma no demasiado apretada. Al terminar estaba sudoroso, pero el Guía presentaba mejor aspecto.

Después de terminar con una pierna hice lo mismo con la otra, y entonces el Lama me dijo:

—Es mejor que me administres un estimulante, Lobsang. Está sobre ese estante superior. Trae una sola ampolla y viértela en un pequeño recipiente con una aguja puntiaguda, quítale la punta y hunde la ampolla en mis carnes, en cualquier parte.

Así lo hice. Luego limpié todo el pus y lo que había quedado suelto, y me quedé dormido de pie.

CAPITULO III

¡Dios mío! El sol realmente calentaba.

—Tendré que encontrar un lugar con sombra —me dije a mí mismo.

Luego me senté, abrí los ojos y miré a mi alrededor, totalmente estupefacto. ¿Dónde me encontraba? ¿Qué había ocurrido?

Al ver de nuevo al Lama Mingyar Dondup lo recordé todo y pensé que se trataba simplemente de un sueño. No había sol y el lugar se encontraba iluminado por algo parecido a la luz solar después de haber cruzado paredes de vidrio.

—Pareces sumamente asombrado, Lobsang —dijo el Lama—. Espero que hayas descansado bien.

—Sí, Maestro —repliqué—, pero estoy cada vez más desconcertado y, cuanto más explicaciones me da usted, tanto más me desoriento. Por ejemplo, esta luz que proviene de algún lado no es posible que haya quedado almacenada durante un millón de años y luego brille como si proviniera del mismo sol.

—Muchísimas cosas deberás aprender, Lobsang; eres algo joven todavía pero, como hemos llegado a este lugar, te explicaré algunas cositas. Los Jardineros deseaban disponer de lugares secretos para venir a la Tierra sin que los seres terrestres lo supieran. Por tal motivo, cuando este lugar era tan sólo un montoncito de piedras que apenas sobresalía del suelo, cortaron las piedras utilizando las que luego fueron conocidas como antorchas atómicas, que derritieron las rocas. Una gran parte de la superficie de color gris que se observa en el exterior es tan sólo vapor de las rocas derretidas. Luego, cuando la caverna quedó tallada en el tamaño correcto, se la dejó enfriar, y enfrió hasta tal punto que su superficie quedó tan tersa como el vidrio.

—Después de haber construido la caverna, que es tan grande como todo el Potala, realizaron algunas investigaciones y perforaron túneles a lo largo de la cordillera rocosa, que en esa época estaba casi totalmente recubierta de tierra. Era posible viajar cerca de cuatrocientos kilómetros a través de esos túneles, de una caverna a otra.

—Luego se produjo esa potente explosión de la cual te hablé, que sacudió la Tierra hasta su eje e hizo que algunos lugares quedaran sumergidos y otros se elevaran. Nosotros tuvimos suerte porque esa pequeña colina se convirtió en una cordillera montañosa. He visto dibujos de esa zona y te los mostraré. A causa de los movimientos de la Tierra, desde luego, algunos de los túneles perdieron su alineación y ya no se pudo recorrerlos en su totalidad como antes. En cambio, es posible visitar dos o tres cavernas antes de emerger en la cordillera montañosa y caminar un poco, hasta donde continúa el túnel. Como sabes, el factor tiempo no representa en absoluto un problema para nosotros, y yo soy uno de los que han visitado alrededor de un centenar de esos lugares y he visto muchísimas cosas extrañas.

—Pero, Maestro —le pregunté— ¿cómo es posible que estas cosas continúen funcionando después de un millón de años? Todo lo que tenemos, incluso una Rueda de Oraciones, se deteriora con el tiempo y el uso. En cambio, en este lugar disponemos de una luz que probablemente sea más brillante que en el exterior. No lo entiendo en absoluto.

El Lama suspiró y dijo:

—Comamos algo primero, Lobsang, debemos quedarnos aquí durante varios días y podremos lograrlo con un cambio de dieta. Entra en este cuarto —lo señaló— y tráeme algunos de los recipientes con dibujos. De ese modo veremos de qué manera solía vivir la gente hace mucho, mucho tiempo.

Me levanté y me dije a mí mismo:

" ¡Por Dios! Sé lo que me corresponde hacer en primer lugar. Honorable Lama, ¿puedo asistirlo en sus funciones corporales?

Me dirigió una sonrisa y replicó:

—Muchas gracias, Lobsang, pero ya las he asistido yo mismo. En ese rincón hay un pequeño lugar y, si vas hasta allí, encontrarás un hoyo muy adecuado en el piso. ¡Deja entonces que la naturaleza siga su curso!

Fui al lugar que me señalaba, encontré el hoyo apropiado y lo utilicé. La habitación presentaba una superficie tan pulida como el vidrio, sin embargo, el piso no era liso, sino que tenía la aspereza de una esterilla y no se experimentaba temor a resbalar. Después de atender mis necesidades corporales pensé nuevamente en la comida, por lo cual fui a la habitación situada en la parte más alejada y lavé con cuidado mis manos porque resultaba un lujo girar una barra metálica y observar el agua que salía de un grifo. Lavé mis manos cuidadosamente, giré el grifo y sentí una cálida corriente de aire que provenía de un orificio en la pared. El orificio tenía forma rectangular y pensé que mis manos se secarían pronto si las ponía en el hueco. Así lo hice y creo que fue el mejor lavado de mi vida. El agua resultaba sumamente agradable y, mientras yo mantenía mis manos en el hueco, el calor desapareció. Supongo que quienes proyectaron el dispositivo determinaron que era necesaria una cierta cantidad de tiempo para que la gente pudiera lavarse razonablemente las manos.

Luego fui hasta el armario y abrí las puertas, observando perplejo la colección de recipientes. Los había de todas clases, con dibujos que me resultaban sin ningún significado para mí. Por ejemplo, observé una bestia roja con grandes garras que tenía el aspecto de un monstruo feroz parecido, según pensé, a una tijereta. En otros dibujos se veía algo como arañas con una armadura roja. Pasé de largo, por supuesto, y tomé algunos recipientes que contenían en forma evidente frutas de algún tipo especial. Algunas eran rojas, otras verdes y otras amarillas, pero todas parecían apetitosas. Tomé tantas como podía llevar, y luego observé en un rincón una mesita de ruedas sobre la que puse todos los recipientes y los llevé hasta donde estaba el Lama. Este rió de buena gana cuando vio de qué manera yo me las arreglaba, y preguntó:

—¿Te gustó la forma de lavarte las manos? ¿Te gustó el método que empleaste para secarlas? Piensa que todos esos dispositivos han estado aquí durante unos millones de años y aún funcionan, porque la energía atómica que alimenta este equipo es virtualmente indestructible. Cuando nos alejemos, todo se detendrá imperceptiblemente, toda la energía se volverá a almacenar y allí esperará hasta que llegue otra gente. Entonces las luces se encenderán de nuevo. Dicho sea de paso, las luces representan algo que tú no puedes comprender, porque detrás de la superficie parecida al vidrio existe una sustancia química que reacciona ante cierto impulso generando luz fría. Pero, veamos un poco lo que has traído.

Le entregué las cosas, una por una. El Lama tomó cuatro recipientes y me dijo:

—Creo que, por ahora, esto será suficiente para nosotros, pero necesitaremos algo para beber. En el aparador encontrarás recipientes sobre el grifo. Llena dos con agua; en la parte inferior encontrarás otro recipiente con píldoras, trae una y obtendremos agua de sabor diferente.

Volví a la cocina, por llamarla de alguna manera, y encontré los recipientes, tal como los había descripto el Lama. Los llené de agua y los traje. Luego tomé un tubo con algunas curiosas tabletas de color anaranjado. Regresé nuevamente, entregué el recipiente al Lama y éste hizo algo en la parte superior del tubo, del cual salió una píldora que saltó directamente al vaso de agua. Repitió la maniobra, y otra píldora saltó al otro vaso. Acercó uno de los recipientes a sus labios y bebió en abundancia. Seguí su ejemplo con ciertas dudas, pero el sabor del agua me sorprendió y me agradó.

Luego el Lama dijo:

—Comamos algo antes de beber más.

Tomó uno de los recipientes redondos, tiró de un

pequeño anillo y se oyó un silbido producido por el pasaje del aire. No bien cesó el silbido el Lama tiró con más fuerza del anillo y toda la parte superior del recipiente se desprendió. En su interior había frutas. Las olió con cuidado, tomó una y la introdujo en la boca.

—Sí, sí, se han mantenido perfectamente frescas. Abriré una para ti: toma la que prefieres y dámela.

Miré el contenido de los recipientes, observé algunas frutas negras con pequeños nudos y le dije que las quería. Tiró de un anillo y se escuchó de nuevo el silbido; tiró con más fuerza y la parte superior se desprendió. Pero había un problema: esas cosas que se encontraban en el interior eran pequeñas y estaban sumergidas en un líquido. El Lama me dijo:

—Tendremos que ser más civilizados. En uno de los cajones encontrarás ciertos objetos con una concavidad en un extremo y un mango. Trae dos, uno para ti y otro para mí. Dicho sea de paso, son metálicos y de color plateado.

Hice nuevamente lo que me pedía y regresé con los curiosos objetos.

—Hay otros elementos allí, Maestro; son objetos metálicos con picos en un extremo; otros poseen un borde filoso.

—Son tenedores y cuchillos, Lobsang. Luego los probaremos. Y éstas son cucharas. Hunde el extremo de una de ellas en tu recipiente y podrás servirte la fruta y el jugo, y luego comer o beber sin ensuciarte.

Me mostró cómo debía hacerlo, volcando la fruta de su recipiente. Seguí su ejemplo e introduje el objeto metálico para servir una pequeña cantidad. Quería probarlo, porque nunca había visto nada parecido.

— ¡Ah!

La fruta se deslizó por mi garganta y me sentí muy gratificado. Hasta ese momento no había advertido el hambre que tenía. Vacié pronto mi recipiente y el Lama hizo lo mismo, con rapidez aún mayor.

—Sería mejor que comiéramos lentamente, Lobsang. No olvides que no hemos probado alimento durante bastante tiempo.

Agregó:

—Aún no me siento con fuerzas para caminar. Por consiguiente, te sugiero que hagas una recorrida por los diferentes compartimientos porque necesitamos averiguar todo lo que sea posible saber.

De una manera en cierto modo desafiante salí de la gran habitación en que nos encontrábamos y observé que había una gran cantidad de cuartos. Entré en uno de ellos y las luces me siguieron. El lugar parecía estar lleno de maquinarias que brillaban como si hubieran sido instaladas ese mismo día.

Recorrí el cuarto con un temor que me impedía tocar nada, y en forma totalmente accidental me acerqué a una máquina que mostraba dibujos animados. Se veían botones, una especie de silla y un hombre de aspecto extraño que ayudaba a otro hombre aún más extraño a sentarse en la silla. Luego el primer hombre asió los dos brazos de la silla y observé que doblaba el brazo derecho. La silla se elevó varios centímetros. El dibujo cambió y mostró la silla mientras era empujada a lo largo de diferentes máquinas, haciendo cosas para ella que ahora hacía para mí. Giré de prisa, tropecé con la silla con ruedas y caí, lesionándome la cara. Sentí un golpe en la nariz, que se humedeció: estaba sangrando. Empujé la silla y regresé con rapidez hacia donde se encontraba el Lama.

—Maestro, tropecé con esta maldita silla y necesito algo para limpiar mi cara ensangrentada.

Extraje de una caja un rollo de tela azul, en cuyo interior se observaba algo que parecía algodón. Después de aplicarla a las ventanas de la nariz durante algunos minutos la hemorragia se detuvo y arrojé el algodón lleno de sangre a un recipiente vacío. Algo me impulsó a mirar su interior; me sobresalté al comprobar que el material había desaparecido, no en la oscuridad o algo por el estilo. Simplemente había desaparecido. Me dirigí al rincón en que había arrojado el pus y el resto de los residuos y, utilizando un trozo chato de metal con un mango de madera, tomé todos los residuos que pude de una sola vez y los arrojé en ese contenedor donde desaparecieron. Luego volví al rincón que habíamos utilizado para nuestras necesidades naturales, raspé los restos y los introduje en el recipiente. Desaparecieron inmediatamente y el recipiente mantuvo su aspecto brillante.

—Lobsang, pienso que habría que llevar ese recipiente al orificio que hemos estado usando. ¿Por qué no tratas de averiguar si puedes introducirlo allí?

Así lo hice y comprobé que se adaptaba perfectamente. En consecuencia, lo dejé preparado para su uso inmediato.

—Maestro, Maestro —le dije sumamente excitado—, si se sienta en esa silla podré llevarlo y mostrarle algunas cosas maravillosas.

El Lama se levantó cautelosamente y deslicé la silla hasta que logró sentarse en ella. Luego doblé el brazo de la silla, tal como había visto hacerlo en el dibujo animado, y aquella se elevó en el aire, a unos 30 centímetros, exactamente la altura que yo necesitaba para asir los brazos y conducir la silla. De esta manera, con el Lama sentado en esa silla, que dependía evidentemente de la levitación y no de las ruedas, regresamos al cuarto que contenía toda la maquinaria.

—Creo que éste era su cuarto de entretenimientos, Lobsang —dijo el Lama—; todas estas cosas son para jugar. Miremos un poco esa caja cerca de la entrada.

Obedecí y empujé hacia allí la silla, colocándola frente a la máquina en que había visto las instrucciones para utilizarla. Presioné otra vez un botón y pude observar un dibujo animado que, en forma increíble, mostraba al Lama Mingyar Dondup, subiendo la silla; luego me ví empujándola. Nos alejamos un poco cuando el Lama me dijo algo, de modo que volvimos a la máquina y allí vimos todo lo que acababa de ocurrir. Luego el cuadro cambió y mostró varias máquinas, que daban instrucciones e indicaban de qué se trataba. En el centro de la habitación, al presionar un botón de una de ellas salían varios pequeños objetos de color que se deslizaban hacia una bandeja. Nos dirigimos hacia ella. El Lama presionó el botón y algunas bolitas rodaron con un ruido metálico por un conducto en pendiente que terminaba en una pequeña bandeja. Miramos las bolitas, tratamos de romperlas y luego al lado de la máquina, observé un platillo sobre el cual había una cuchilla curva. Coloqué algunas de las bolitas en el recipiente y tiré de una manija hacia abajo, con gran temor por lo que podría ocurrir. Pronto las bolitas quedaron partidas por la mitad; se observaba en ellas algo de aspecto pegajoso. Pensando que podía tratarse de alimentos toqué su parte interior y luego las probé con la lengua.

¡Qué maravilla! ¡El gusto más exquisito que había sentido en toda mi vida!

—Maestro, esto es algo que usted debe probar.

Lo llevé al lugar donde estaba el botón, presionó nuevamente y obtuvimos una gran cantidad de esas bolitas. Puse una de ellas en la boca: me pareció que mordía una piedra. Sin embargo, después de algunos instantes la cáscara se ablandó y, al continuar presionando con las mandíbulas, llegué a sentir un gusto dulcísimo. Había diferentes sabores; cada color tenía un sabor diferente. Yo no sabía en absoluto de qué se trataba y el Lama observó mi desconcierto.

—Sabes que he viajado mucho, Lobsang, y en una ciudad de Occidente vi una máquina parecida, que expendía caramelos, al igual que ésta. Pero en esa ciudad había que introducir dinero. Se colocaba una moneda en una ranura y salían muchas de estas bolitas. Había otras máquinas similares que suministraban cosas distintas. Una me atrajo especialmente con algo que se llama chocolate. No puedo explicarte lo que significa ese nombre. ¡Ah! ¡Ah! —agregó—. Aquí está, aquí está esa palabra escrita junto con otras seis. Supongo que estará en seis idiomas diferentes. Veamos si este botón funciona.

Lo presionó con firmeza; con un ligero ruido se abrió una portezuela en el frente de la máquina por donde observamos diferentes tipos de chocolates. Comimos tantos que nos sentimos muy mal. ¡Francamente, pensé que iba a morir. Fui al retrete y devolví todo lo que había comido. El Lama, que había quedado semidesmayado en su silla, me pidió asimismo que lo llevara allí rápidamente. Prefiero tender un velo piadoso sobre el resto de esa experiencia.

Después de habernos recuperado en gran medida, analizamos el problema y llegamos a la conclusión de que nuestra glotonería nos había inducido a comer en exceso ese extraño alimento. Decidimos pasar a otra habitación que debía de ser una sala de reparaciones. Había en ella toda clase de máquinas muy curiosas, una de ellas un torno. El Dalai Lama tenía una parecida en uno de sus cuartos de presentes: le había sido regalada por una nación amiga que deseaba demostrar su amistad. Nadie sabía cómo utilizarla, desde luego, pero en muchas ocasiones yo me había introducido de una manera furtiva en esa habitación y, finalmente, pude ver de qué se trataba: era un torno a pedal. Sentado en un asiento de madera se utilizaban los pies para empujar los dos pedales hacia arriba y hacia abajo, con lo cual se hacía girar la rueda. Si se colocaba un trozo de madera entre la "punta" y la "contrapunta" se podía tallarla, convirtiéndola en varillas absolutamente rectas.

Al observar ahora ese torno, no advertí qué utilidad podría tener, pero luego tomé nuestros dos bastones y los alisé. Nos sentimos mucho mejor con bastones que habían adquirido un aspecto, digamos, profesional.

Luego vimos algo que parecía un horno. Había sopletes y toda clase de herramientas para trabajar con calor y pronto comenzamos a realizar experimentos. Comprobamos que podíamos unir metales fundiendo una pieza en otra y pasamos mucho tiempo haciendo diversos ensayos y perfeccionando nuestras aptitudes. Finalmente el Lama dijo:

—Vayamos a otra parte, Lobsang. Hay muchas cosas maravillosas aquí, ¿no es cierto?

Doblé de nuevo el brazo de la silla y ésta se elevó a unos 60 centímetros del suelo. La empujé hacia el exterior, saliendo de la sala de máquinas, y entramos en otra habitación después de cruzar un amplio lugar. Aquí el misterio era completo. Había una gran cantidad de mesas metálicas, con grandes tazones sobre ellas. No sabíamos de qué se trataba, pero en un cuarto adyacente encontramos un hueco en el piso y, sobre la pared, exactamente encima, instrucciones para el uso. Por suerte, también se observaban dibujos que mostraban cómo actuar. Nos sentamos en el borde de la piscina vacía y comencé a quitar el vendaje del Lama. Luego lo ayudé a levantarse y, no bien se encontró en el centro de la piscina, ¡ésta comenzó a .llenarse con una solución que emitía vapores!

—Lobsang, Lobsang, estos vapores curarán mis piernas. Puedo leer algunas de las palabras escritas en la pared y, si no las comprendo en un idioma, puedo hacerlo en otro. Es un dispositivo para regenerar la carne y la piel.

—Pero, Maestro —le dije—, ¿cómo es posible que eso cure sus piernas, y cómo conoce usted tantos idiomas?

—Es muy simple —me contestó—, los he estudiado durante toda mi vida. He viajado mucho por el mundo aprendiendo varias lenguas. Como habrás observado, siempre llevo libros conmigo e invierto todo el tiempo de que dispongo en leerlos y aprender de ellos. Este idioma —señaló lo que estaba escrito en la pared— es el sumerio y éste otro la lengua principal de una de las Atlántidas.

—¿Atlántidas? —le pregunté—. ¿No había un solo lugar llamado Atlántida?

El Lama rió, sumamente regocijado, y contestó:

—No, no, Lobsang, no existe ningún lugar llamado Atlántida: se trata de una palabra genérica que señala muchas tierras que se hundieron por debajo del Océano y de las que se perdió todo rastro.

Le contesté:

—Yo creía que Atlántida era un lugar con una civilización muy avanzada, hasta el punto que, en comparación, nosotros parecemos simples campesinos; pero ahora usted me dice que no existió ninguna Atlántida.

Me interrumpió y dijo:

—Existe una gran confusión al respecto, y los científicos del mundo no quieren aceptar la verdad que es ésta: en una época nuestro mundo sólo tenía una masa terrestre. El resto era agua y con el tiempo, a causa de las vibraciones de la Tierra, como las que producen los terremotos, la masa terrestre única se partió, dividiéndose en islas que cuando eran muy grandes recibieron el nombre de continentes.

—Gradualmente estas islas fueron a la deriva, separándose entre sí, de tal modo que en muchas de ellas la gente olvidó la antigua lengua y comenzó a utilizar su dialecto familiar como idioma diario. Hace tiempo no se recurría al habla: todos se comunicaban por telepatía. Pero más tarde algunas personas malvadas aprovecharon en su propio beneficio lo que otros se comunicaban entre sí, y por ese motivo se hizo habitual que los líderes de las comunidades inventaran idiomas que utilizaban cuando no querían emplear la telepatía que todos podían captar. Con el tiempo, comenzaron a utilizarse cada vez más los idiomas y se perdió aquel arte, salvo en los casos de unas pocas personas, como algunos de nosotros en el Tibet que podemos comunicarnos por el pensamiento. Por ejemplo, yo establecí contacto con un amigo en el Chakpori y le expliqué mi situación exacta. Me replicó que era preferible que nos quedáramos donde estábamos porque se habían desencadenado tormentas que harían muy difícil el descenso por la ladera de la montaña. Según me dijo, no importaba dónde estuviéramos, en la medida en que aprendiéramos algo. Y creo que estamos aprendiendo mucho. Pero, mira, Lobsang: parece que este vapor está haciendo maravillas con mis piernas. Míralas y comprobarás que están cicatrizando.

En efecto, el espectáculo era realmente misterioso. La carne del Lama había sido cortada hasta el hueso y yo creía que, cuando regresáramos a Chakpori, no habría más remedio que amputarle las piernas. Pero ahora esta maravillosa piscina redonda curaba sus carnes. Mientras lo observaba, pude comprobar que crecían otras nuevas suturando las heridas.

De pronto el Lama exclamó:

—Ahora saldré de este baño durante un cierto tiempo porque me produce tal picazón en las piernas que, si me quedo aquí, tendré que ponerme a bailar, y eso te haría reír. Saldré sin necesidad de que me prestes ayuda.

Salió del baño con paso seguro y, al hacerlo, todo el líquido desapareció. No existía ningún orificio en la piscina, ninguna cañería o algo por el estilo. El líquido parecía simplemente haber desaparecido en las paredes y en el fondo.

—Observa, Lobsang, hay aquí algunos libros con ilustraciones realmente fascinantes que muestran de qué manera realizar ciertas operaciones y cómo manejar esas máquinas. Debemos esforzarnos por tratar de comprenderlo porque, si fuera posible revivir esta antigua ciencia, el mundo podría beneficiarse.

Miré algunos de los libros cuyo aspecto me pareció horrible. Tenían fotos de personas con las más espantosas heridas imaginables, heridas tan terribles que incluso no se podía pensar en ellas. Pero decidí empeñarme y aprender todo lo que podía acerca del cuerpo humano. Sin embargo, en primer lugar llegué a la firme conclusión de que necesitábamos alimentarnos. No se puede ejercitar la mente si no se dispone de alimentos, y expresé lo que opinaba al respecto. El Lama rió y dijo:

—Pensaba justamente en eso. El tratamiento que acabo de hacer me ha provocado un hambre tremenda. Vayamos a la cocina y veamos qué hay allí. O continuamos viviendo de frutas o bien deberemos quebrantar una de nuestras reglas y comer carne.

Me estremecí y me sentí muy mal. Luego exclamé:

—Pero Maestro, ¿cómo es posible que comamos la carne de un animal?

—¡Válgame Dios! Lobsang, estos animales han muerto hace millones de años. No conocemos la época en que fue construido este lugar, pero sí sabemos que extrañamente se mantiene en buen estado. Es mejor para nosotros comer un poco de carne y vivir que ser simplemente puristas y morir.

—Maestro, ¿de qué manera se mantiene este lugar en tan buen estado si tiene un millón de años? Me parece imposible. Todo se desgasta, pero este sitio parecería haber sido abandonado ayer. Sencillamente no lo entiendo, como tampoco comprendo lo que usted me explicó acerca de la Atlántida.

—Bueno, no olvides que existe la suspensión momentánea de las funciones vitales. Los Jardineros de la Tierra, en realidad, estaban sujetos a enfermedades al igual que nosotros, pero no era posible tratarlos y curarlos con los toscos materiales de que se disponía en este mundo. Por consiguiente, cuando una persona estaba realmente enferma y su curación se encontraba más allá de la capacidad de los Jardineros, se envolvía a los pacientes en un material plástico después de suspender sus funciones vitales. En ese estado estaban apenas vivos. No se podían percibir los latidos del corazón, ni el aliento, y era posible mantenerse así hasta cinco años. Cada año llegaba una nave para recoger a los pacientes con el objeto de tratarlos en hospitales especiales en el Hogar de los Dioses. Una vez reparados, quedaban como nuevos.

—Maestro, ¿qué ocurre con esos otros cuerpos, de hombres y mujeres, cada uno encerrado en un ataúd de piedra? Estoy seguro de que están muertos, pero parecen vivos y en buen estado de salud. ¿Qué hacen aquí? ¿Para qué sirven?

—Los Jardineros de la Tierra eran gente muy atareada. Sus supervisores estaban aún más atareados y, si necesitaban conocer las condiciones que imperaban en realidad entre los seres terrestres tomaban simplemente uno de estos cuerpos. Su forma propia forma astral ingresaba en uno de ellos, que en realidas son simples recipientes, y lo activaban. Entonces uno de esos cuerpos podía ser el de un hombre de treinta años o de cualquier edad adecuada, sin las preocupaciones ni las dificultades de nacer, vivir una infancia y tal vez emprender un trabajo e incluso tomar una esposa, todo lo cual podría originar un montón de complicaciones. En cambio, se los mantiene siempre en buen estado, listos para recibir un "alma" que los active durante algún tiempo. De esta manera responderán a ciertos estímulos y el cuerpo podrá moverse, perfectamente controlado por la voluntad de su nuevo y transitorio ocupante. Entre nosotros circula una buena cantidad de esos seres que son personas en transmigración. Están aquí para mantener un cierto freno sobre los seres humanos tratando de alejar y reorientar algunas de las tendencias violentas de los seres humanos.

—Encuentro todo esto sumamente apasionante y casi increíble. ¿Y qué ocurre con los cuerpos que se encuentran en la cima del Potala, los que están envueltos en un recipiente dorado? ¿Se los utilizará también?

— ¡No, Dios mío! —dijo el Lama—. Esos son seres humanos de tipo superior; cuando el cuerpo muere, el yo se dirige a esferas más elevadas. Algunos van al mundo astral, donde esperan, mientras estudian a algunas de las personas de ese mundo. Pero tendré que hablarte más acerca de este tema y acerca del dominio de Patra. Hasta donde yo sé, nosotros, los lamas tibetanos, somos los únicos que sabemos algo acerca de Patra, pero se trata de un tema demasiado importante para precipitarse. Te sugiero que miremos un poco más a nuestro alrededor porque nos encontramos en un conjunto de cavernas sumamente grandes.

El Lama se alejó para volver a colocar algunos libros en los estantes, y entonces le pregunté:

—¿No es una lástima que queden en los estantes libros tan valiosos? ¿No sería mejor que los lleváramos al Potala?

El Lama Mingyar Dondup me dirigió una mirada muy peculiar:

—Cada vez estoy más sorprendido de lo mucho que sabes siendo tan joven, y el Dalai Lama me ha autorizado plenamente a confiarte todo lo que estimo que deberías saber.

Me sentí sumamente halagado ante esa afirmación. El Lama prosiguió:

—Estabas presente en la entrevista con esos militares ingleses, uno de los cuales se llamaba Bell. El Dalai Lama quedó encantado por el hecho de que no le relataste a nadie —incluso a mí— lo que se dijo y lo que se hizo. Ejercí deliberadamente presión sobre ti, Lobsang, para tratar de extraerte esos secretos, y me siento muy complacido por la forma en que respondiste a nuestra

expectativa. Dentro de pocos años el Tibet será conquistado
por los chinos que despojarán al Potala de todas las cosas que lo han convertido en lo que es. Robarán las Figuras Doradas y las fundirán para extraer el oro que
contienen. Llevarán los libros sagrados y los libros de
conocimientos a Pekín y los estudiarán, porque los chinos saben que pueden aprender mucho de nosotros.
En consecuencia, hemos establecido lugares para es-
conder las cosas más preciosas. Tú sólo podrías haber
encontrado esta caverna por casualidad, y vamos a
arrasar la ladera de la montaña de modo que no quede
la menor probabilidad de encontrarla. Además, sabes
que disponemos de túneles de interconexión que se
extienden por más de trescientos kilómetros, y que los
chinos no podrían recorrer en sus máquinas con cuatro
ruedas, y menos a pie, en tanto que para nosotros se
trata simplemente de un viaje de dos días.

—Dentro de pocos años el Tibet será invadido, pero
no conquistado. Nuestros sabios se dirigirán hacia las
zonas más altas y vivirán bajo tierra, en forma muy similar a la que emplean las personas que escaparon antes
y viven en las partes huecas de este mundo. Ahora no te
excites por el hecho de que analicemos estos temas. El
Dalai Lama afirma que no debemos apurarnos en regresar. Yo debo enseñarte lo que sé, en la medida de mis
fuerzas, y para hacerlo dependemos mucho de estos
libros. Llevarlos de nuevo al Potala significaría meramente ponerlos en manos de los chinos, por cierto un
triste destino.

—Pienso que ha llegado el momento de realizar una
investigación sistemática de esta caverna y de dibujar
un mapa del lugar.

—No hace falta, señor —repliqué—; aquí hay uno,
con los menores detalles.

CAPITULO IV

El Lama Mingyar Dondup se mostró sumamente complacido, y lo estuvo aún más cuando le señalé mapas de varias otras cavernas.

Yo había estado revolviendo desordenadamente un estante, maravillado por el hecho de que no había una sola mota de polvo en ninguna parte, y allí encontré... bueno, lo podría llamar papel, aunque en realidad era una sustancia semejante, pero mucho más fina.

Nuestro papel era un material hecho a mano a partir del papiro. Levanté una pila y observé que se trataba de mapas y de cartas. En primer lugar había un mapa en muy pequeña escala que mostraba una zona de alrededor de cuatrocientos kilómetros de extensión. El túnel estaba señalado con ciertas interrupciones en la línea para mostrar los lugares en que ya no era transitable y se debía salir y buscar la entrada al túnel siguiente. El mapa mostraba todos esos detalles, pero el problema consistía en saber cuántos terremotos habían tornado imprecisa la representación gráfica. El mapa siguiente representaba la caverna en la cual estábamos escondidos en este momento. Señalaba todos los cuartos, y me sentí sorprendido ante su elevado número. Todos los aparadores y las habitaciones tenían sus rótulos pero, desde luego, yo no podía descifrarlos. En cambio, mi Guía sí podía hacerlo. Apoyamos el mapa en el piso y nos recostamos mientras lo estudiábamos.

—Lobsang —dijo el Lama—, durante este viaje has realizado algunos descubrimientos notables que pesa-

63

rán mucho en tu favor. Una vez traje aquí a un joven
chela (discípulo) que tenía miedo hasta de entrar en la
caverna. El viejo ermitaño que encontró la muerte al caer
era en realidad el Guardián, y ahora tendremos que construir una nueva ermita para vigilar la entrada.

—Creo que difícilmente necesitemos un Guardián,
señor —le contesté—; al parecer, todo el túnel a través
del cual entramos está bloqueado, pues el terremoto
sacudió una capa de rocas que se deslizaron hasta cubrir
la entrada. Si no dispusiéramos de estos mapas, tal vez
quedaríamos enterrados aquí para siempre.

El Lama asintió con gesto grave, se levantó y recorrió los estantes mirando los libros y leyendo sus títulos. Luego, con una exclamación de placer, se precipitó
sobre uno de ellos: un objeto macizo, un libro enorme
y gordo, que parecía hecho recientemente.

—Aquí tenemos un diccionario de los cuatro idiomas utilizados, Lobsang; ahora estamos bien encami-
nados.

Tomó el libro y lo apoyó nuevamente en el piso.
Sólo allí podían disponerse todos los mapas pues la mesa
hubiera resultado demasiado pequeña. El Lama recorrió
las páginas del diccionario y luego, tomando notas sobre
el mapa de la caverna en que nos encontrábamos, dijo:

—Hace muchos siglos hubo una civilización muy
elevada, muy superior a las que el mundo ha tenido desde entonces. Por desgracia, se produjeron muchos terremotos y maremotos, algunas tierras se hundieron por
debajo del mar y, de acuerdo con este diccionario, la
Atlántida no es simplemente un continente hundido.
Había uno en el mar que ellos llaman Atlántico, y otro
más abajo, en el mismo Atlántico, un lugar con muchas
montañas altas, cuyos picos todavía sobresalen de las
aguas y ahora son simples islas. En el mapa puedo mostrarte dónde están.

Recorrió los papeles y luego señaló una gran hoja
en colores, donde marcó los mares y los lugares en que
había estado la Atlántida. Luego prosiguió:

—Atlántida significa la tierra perdida: ése es el significado real de la palabra. No es un nombre como el

Tibet o la India; se trata de un término genérico que indica la tierra perdida, la tierra que se hundió sin dejar rastros.

Nos mantuvimos en silencio, mientras estudiábamos de nuevo las cartas. Yo estaba preocupado por conocer la manera de salir del lugar. El Lama deseaba encontrar ciertos cuartos. Por último, se enderezó y me dijo:

– Allí, allí. En ese cuarto hay máquinas maravillo-' sas que muestran el pasado y llegan hasta el presente. Y una de ellas revela el probable futuro. Con la astrología, por ejemplo, puedes predecir lo que le ocurrirá a un país pero, cuando se trata de prever lo que le pasará a una persona determinada, se requiere un astrólogo genial. En cuanto a ti, fue un astrólogo genial el que pronosticó tu futuro, y se trata de un futuro difícil, por cierto.

—En primer término exploremos alguno de los otros cuartos, pues debemos permanecer mucho tiempo en la sala de máquinas que pueden decirnos qué ocurrió desde que los primeros seres llegaron a este mundo. Aquí tienen muchas creencias peculiares, pero nosotros conocemos la verdad, porque hemos logrado establecer una comunicación con el Registro Akáshico y el Registro Akáshico de las Probabilidades. En otras palabras, podemos pronosticar con precisión lo que le ocurrirá al Tibet, lo que le ocurrirá a China y lo que le ocurrirá a la India. Pero en cuanto al individuo, el Registro de las Probabilidades implica demasiadas probabilidades, y no se debe tomarlo con excesiva seriedad.

—Maestro, estoy totalmente confundido, porque todo lo que aprendí me ha enseñado que existe la disolución; el papel se convierte en polvo, los cuerpos se convierten en polvo y los alimentos, después de un millón de años, también deben haberse convertido en polvo. No termino de comprender de qué manera este lugar puede tener un millón de años. Todo parece nuevo y fresco, y todo me resulta incomprensible.

El Lama sonrió y dijo:

—Hace un millón de años existía una ciencia mucho más elevada que la actual y se disponía de un sistema mediante el cual podía detenerse el tiempo que es algo puramente artificial y sólo se utiliza en este mundo. Si esperas algo hermoso, el tiempo de la espera te parecerá terriblemente largo pero, si debes presentarte ante un Anciano Lama para una buena conversación, en poco tiempo estarás ante él para conocer la opinión que tiene de ti. El tiempo es una cosa artificial que sirve para que la gente pueda dedicarse al comercio o a los asuntos diarios. Estas cavernas están aisladas del mundo, tienen algo que sólo puedo llamar una pantalla que las sitúa en una dimensión diferente, la cuarta dimensión, donde las cosas no decaen. Vamos a comer algo antes de seguir explorando; la comida provendrá de un dinosaurio matado por cazadores hace dos o tres millones de años. Comprobarás que tiene un excelente sabor.

—Pero, Maestro, yo creía que nos estaba vedado comer carne.

—Es verdad, a las personas comunes se les prohíbe comer carne. Se considera correcto que vivan con "tsampa", pues si alguien se harta con carne su cerebro se entorpece. Sin embargo, nosotros comeremos carne porque necesitamos la fuerza adicional que sólo ella puede darnos y, de todos modos, comeremos muy poca; nuestros alimentos, en su mayor parte, seguirán siendo verduras y frutas. Pero puedes estar seguro de que el hecho de comer carne no causará daño a tu alma inmortal.

Dichas estas palabras, se dirigió a la cocina de la cual volvió con un gran recipiente que presentaba un horrible dibujo a su alrededor. Mostraba lo que yo imaginé que era un dinosaurio; subrayado en rojo había una marca que indicaba qué parte del dinosaurio se encontraba en su interior. El Lama maniobró con el recipiente y éste se abrió. Pude comprobar que la carne era absolutamente fresca; el animal podía haber sido matado ese mismo día.

—Vamos a cocinarla porque la carne cocinada es muy superior a la cruda. En consecuencia, es preferible que observes lo que hago.

Realizó ciertas extrañas maniobras con algunos de

los platos metálicos, derramó el contenido del recipiente en uno de ellos y lo introdujo en lo que parecía un gabinete metálico. Luego cerró la portezuela y giró algunas perillas hasta que se encendieron pequeñas luces. Agregó:

—Ahora, en diez minutos la carne estará perfectamente cocida, pues no se cocina en la llama sino desde el interior hacia el exterior. Es un sistema de rayos que no pretendo entender. Pero ahora busquemos algunas verduras adecuadas para acompañar la carne.

—¿De qué manera aprendió usted todo esto, Maestro? —le pregunté.

—He viajado mucho y recogido ciertos conocimientos en el mundo occidental. He observado de qué manera preparan una comida especial para el séptimo día de la semana. Debo confesarte que tiene realmente un buen sabor, pero requiere verduras, y creo que aquí están.

Introdujo las manos en un armario y extrajo un largo recipiente que depositó sobre el aparador; estudió con cuidado el rótulo y luego dijo:

—Sí, aquí están las verduras; debemos ponerlas en el horno para que se cocinen durante cinco minutos.

En ese momento se apagó una luz.

—¡Ah! —dijo el Lama— ésta es una señal. Ahora debemos introducir las verduras.

Se dirigió hacia el horno, lo abrió, derramó el contenido del recipiente y luego cerró de nuevo la portezuela con rapidez. Reguló algunas de las perillas del frente y se encendió otra luz.

—Cuando todas esas luces se apaguen, Lobsang, nuestra comida estará perfectamente preparada. Ahora debemos disponer nuestros platos y esos otros implementos que viste, los cuchillos afilados, esos objetos metálicos con pequeños cuencos en su extremo y también los que tienen cuatro o cinco puntas y que llaman tenedores. Pienso que disfrutarás esta comida.

En ese momento las pequeñas luces comenzaron a parpadear, palidecieron y se apagaron.

—Ya está, Lobsang. Ahora podemos sentarnos en el piso para disfrutar de una buena comida.

Se acercó al lugar caliente que había llamado horno,

y abrió con cuidado la portezuela. El olor era agradable;
yo lo observé con el mayor interés mientras sacaba los
platos metálicos de los estantes. Me sirvió una buena
porción de todo lo que había preparado, y algo menos
para él.

—Comienza, comienza, sabes que necesitamos que
te mantengas fuerte.

Había platos con verduras de diferentes colores,
ninguna de las cuales yo había visto antes, y luego ese
plato más grande, con un gran trozo de carne de dinosaurio. Tomé cautelosamente la carne con los dedos
hasta que el Lama me aconsejó emplear un tenedor para
sostenerla, y me mostró cómo hacerlo. Corté un trozo
de carne, la miré, la olí y la introduje en la boca. Luego,
a toda velocidad, corrí hacia la pileta de la cocina y me
desembaracé de la carne que llevaba en la boca. El Lama
se reía a carcajadas.

—Te equivocas por completo en lo que piensas,
Lobsang. Crees que te estoy haciendo una broma, pero
no es así. En algunas regiones de Siberia a veces la gente
entierra un dinosaurio que ha sido capturado en las regiones escarchadas y está tan congelado que necesita tres
o cuatro días para derretirse. Comen carne de dinosaurio con el mayor placer.

—Bien, pueden llevarse mi parte con un placer aún
mayor para mí.

¡Pensé que estaba envenenado! ¡Qué porquería!
¡Preferiría comerme a mi abuela antes que esa basura!

Raspé cuidadosamente los últimos vestigios de la
carne de mi plato y luego, mirando con ciertas dudas
las verduras, me dije a mí mismo que intentaría probar
alguna. Para mi sorpresa, tenían un excelente sabor. La
verdad es que hasta ese momento yo nunca había
probado verduras, pues hasta entonces todo lo que había comido era "tsampa" y sólo había bebido agua.
Comí una buena porción de todo hasta que el Lama
dijo:

—Es mejor que termines, Lobsang; has comido realmente mucho y no estás acostumbrado a esas verduras.
Por ser ésta la primera vez te harán correr con frecuencia

al baño, pues actuarán como una purga. Te daré un par
de tabletas que calmarán tus trastornos estomacales.

Tragué las malhadadas tabletas que me parecieron
guijarros. Después de deglutirlas, el Lama me miró
y dijo:

—Las tragaste bien, ¿no es cierto? La forma habitual
consiste en deglutirlas con una buena cantidad de líquido. Trata de hacerlo ahora, llena tu copa de agua y
eso eliminará el sabor a polvo.

Una vez más me levanté y me dirigí tambaleando
hacia la cocina, porque, al no haber comido nunca verduras ni frutas, experimentaba una alarmante agitación
en mi interior, tan alarmante, en realidad, que debí
posar mi copa y correr a toda velocidad hacia el pequeño cuarto con el orificio en el piso. Si hubiera estado
un poco más lejos, habría llegado demasiado tarde. Por
suerte, lo hice apenas a tiempo.

Regresé hacia donde se encontraba el Lama y le
dije:

—Hay muchas cosas que me desconciertan y no puedo apartarlas de mi mente. Por ejemplo, usted dice que
este lugar debe tener unos dos millones de años. ¿Cómo
es, entonces, que las verduras y las frutas son tan sabro-
sas?

—Mira, Lobsang —contestó el Lama— debes recordar
que este mundo tiene millones de años y lo recorrieron
muchos seres diferentes. Por ejemplo, alrededor de dos
millones de años atrás había una especie de criaturas
sobre la Tierra conocidas como Homo Habilis que inau-
guraron nuestra era inventando las primeras herramientas
de este ciclo. Sabes que nosotros pertenecemos a la especie conocida como Homo Sapiens, y que provenimos de
ese otro Homo del cual te acabo de hablar.

—Para tratar de que comprendas un poco más, digamos que el mundo es como un jardín y todos los edificios son plantas. De vez en cuando llega el campesino
y ara su jardín, lo cual significa que rotura el suelo y,
al hacerlo, trastorna todas las plantas y las raíces, que
quedan expuestas al aire durante algunos minutos.
Luego, al pasar de nuevo el arado, quedan enterradas

aún más profundamente, de tal modo que nadie puede asegurar que había en ese jardín una determinada planta. Lo mismo ocurre con los seres humanos en este mundo; piensa en nosotros como si fuéramos plantas. Pero los seres humanos de distintos tipos son sometidos a prueba y, si no pueden actuar de una manera que satisfaga a los jardineros, las catástrofes y los desastres se convierten en su destino. Habrá potentes explosiones y terremotos y toda la Humanidad quedará enterrada sin dejar rastros, enterrada profundamente por debajo del suelo. Más adelante aparecerá una nueva raza. Y así continúa el ciclo: del mismo modo que el campesino ara por debajo de las plantas, los Jardineros del mundo provocaron tales desastres que se perdió todo rastro de las zonas habitadas.

—Cada tanto un campesino, al trabajar su lote, encuentra algo reluciente en el suelo, lo levanta y se pregunta de qué se trata. Tal vez lo limpie entre sus ropas para llevarlo a su hogar y mostrarlo a su mujer y a sus vecinos. Es posible que esa pieza de metal brillante haya estado enterrada durante un millón de años o más y un terremoto la haya hecho aflorar.

—A veces se descubre un hueso determinado, y el campesino tal vez se pregunte durante un par de minutos de qué clase de criatura se trataba, porque hubo por cierto criaturas muy extrañas en esta Tierra. Por ejemplo, mujeres con piel de color púrpura y ocho pechos en cada lado. Supongo que sería muy útil disponer de dieciséis pechos, pero esa raza se extinguió porque, en realidad, no resultaba práctico. Si las mujeres hubieran dado a luz a muchos niños, esos pechos habrían colgado de tal modo que a duras penas podrían haber caminado sin caer. Por ese motivo la raza de la cual hablamos se extinguió. Hubo otra de hombres que tenían una estatura de un metro veinte, no más. Eran jinetes natos, no como tú, que a duras penas puedes cabalgar el "pony" más manso. En cambio, esta especie tenía las piernas sumamente arqueadas y no necesitaba estribos, arneses y otras cosas por el estilo; la conformación natural de su cuerpo parecía hecha especialmente para cabalgar. Por desgracia, en esa época el caballo aún no había aparecido.

—Pero señor —exclamé—, no puedo comprender cómo podemos estar en una montaña, en el interior mismo de una montaña, y a pesar de eso disponer de una brillante luz solar y de gran cantidad de calor. Me desconcierta y no puedo encontrar ninguna solución para este enigma.

El Lama sonrió, como lo hacía a menudo al escuchar algunas de mis afirmaciones, y me explicó:

—Estas rocas que llamamos montañas poseen propiedades especiales. Pueden absorber la luz solar en forma creciente; más adelante, si se conoce la forma de hacerlo, podremos lograr que la liberen, obteniendo cualquier tipo de iluminación que necesitemos. Como en la cima de las montañas el sol brilla más o menos todo el tiempo, almacenamos continuamente luz solar para el momento en que el sol efectúa su recorrido y se encuentra fuera del alcance de nuestra vista. No es de ningún modo algo mágico se trata de un fenómeno natural absolutamente común, como las mareas. ¡Ah! Olvidaba que nunca has visto el mar. Es una gran masa de agua, pero no se la puede beber porque proviene del agua que ha descendido por las laderas de las montañas y ha cruzado la Tierra arrastrando toda clase de impurezas y elementos venenosos. Si tratáramos de beber el agua de mar, apresuraríamos nuestra muerte. En cuanto a la luz solar que hemos almacenado, cuando necesitamos utilizarla se deposita en un tipo especial de platillos y luego una corriente de aire frío recorre uno de los lados del platillo. De esa manera la luz se manifiesta como calor en un lado y frío en el otro. Como resultado, se forman gotitas de agua originadas por la luz del Sol y por el frío de la Tierra. Es una sustancia absolutamente pura, llamada agua destilada, que podemos recoger en recipientes, disponiendo de agua potable fresca.

—Maestro, me es imposible comprender la existencia de cosas que tienen uno o dos millones de años. El agua, por ejemplo; giramos ese objeto metálico y obte-

nemos agua fría, que evidentemente ha estado deposi-
tada en un tanque, en algún lado, hace un millón de
años, o algo así. ¿Por qué no se evaporó? ¿Cómo es
posible que se pueda beberla después de tantos años?
Eso me desconcierta. Sé que en los techos del Potala el
agua de los tanques se evaporaría pronto. En consecuencia, ¿cómo es posible que en este caso el agua tenga un
millón de años?

— ¡Lobsang! ¡Lobsang! Estás convencido de que
ahora disponemos de buenos conocimientos científicos. Piensas que sabemos mucho de medicina y de ciencia; sin embargo, para el mundo exterior somos tan
sólo un puñado de salvajes sin cultura. Sin embargo,
comprendemos cosas que el resto del mundo no entien-
de, pues está formado por gente materialista. Aquí el
agua puede tener un millón, dos o tres millones de años,
pero hasta que nosotros llegamos, rompimos el sello y
lo pusimos todo en movimiento, podía haber estado una
hora o dos. Sabes que existe la suspensión momentánea
de las funciones vitales. Hemos oído muchas veces que
en otros países hay personas que han quedado durante
meses en trance cataléptico, y en la actualidad una
mujer que se encuentra en esa situación desde hace más
de un año y medio no parece estar peor por ese motivo.
No parece más vieja..., simplemente está viva. No podemos escuchar los latidos de su corazón; su aliento no
se refleja en ningún espejo. Por lo tanto, ¿qué la mantiene dormida y por qué ese estado no le hace ningún
daño? Hay tantas cosas para redescubrir, cosas que resultaban comunes en la época en que llegaron los Jardineros. Como un simple ejemplo te mostraré el cuarto;
aquí está sobre la carta, míralo; donde se mantenían los
cuerpos en un estado de suspensión de la vida. Una vez
por año llegaban dos lamas, ingresaban en él y extraían
uno por uno los cuerpos de los ataúdes de piedra y los
examinaban cuidadosamente para descubrir cualquier
signo de enfermedad. Si todo marchaba bien, los hacían caminar para que los músculos trabajaran. Luego,
después de alimentarlos un poco, realizábamos la tarea
: colocar el cuerpo astral de un Jardinero en el que

tomábamos de un ataúd de piedra, lo que representa una experiencia muy peculiar.

—¿Cómo, señor? ¿Es realmente difícil hacerlo?

—Lobsang, por una parte afirmas que no puedes creer en esas cosas y, por la otra, estás tratando de obtener toda la información posible. Es verdad, es una sensación espantosa. En el plano astral estás en libertad de asumir el tamaño que te resulte más conveniente. Puedes ser muy pequeño, por alguna razón, o desear ser muy alto y ancho, por alguna otra. Bueno, tomamos el cuerpo adecuado, nos recostamos a su lado, y los lamas inyectan una sustancia en el cuerpo aparentemente muerto, nos levantan suavemente y colocan nuestra cara sobre ese cuerpo. Gradualmente, en unos cinco minutos, desaparecemos, nos tornamos cada vez más borrosos, y luego, de pronto, la figura se sacude en el cofre de piedra, se sienta y exclama algo por el estilo: "¡Ah! ¿Dónde estoy? ¿Cómo llegué hasta aquí?" Durante un tiempo recuerdan a la última persona que utilizó ese cuerpo, pero en un plazo de unas doce horas el cuerpo que hemos tomado adquiere un aspecto de absoluta normalidad y resulta capaz de realizar todo lo que hacíamos cuando nos encontrábamos en la Tierra en nuestro propio cuerpo. Lo hacemos porque a veces no podemos correr el riesgo de dañar el cuerpo real. No importa mucho lo que les ocurre a estos simulacros de cuerpo. Sólo necesitan encontrar a alguien con las condiciones adecuadas. Luego colocamos el cuerpo en un ataúd de piedra y permitimos que la fuerza vital se deslice hacia otro plano de existencia. Nadie fue forzado nunca a hacerlo: siempre se hizo con su pleno conocimiento y consentimiento.

—Más adelante habitamos uno de estos cuerpos durante un año menos un día. Se procede así porque esos cuerpos sólo pueden estar trescientos sesenta y cinco días sin que les ocurran ciertas cosas complicadas. En consecuencia, es preferible que la posesión dure un año menos un día. Y luego..., el cuerpo que estamos ocupando todavía se introduce en el ataúd de piedra, estremeciéndose ante el frío que reina en él, y gradualmente nuestra forma astral emerge del cuerpo sustituto e ingresa en nuestro propio cuerpo, asumiendo todas sus funciones, todos sus pensamientos y todo su conocimiento, pero ahora con el conocimiento adquirido durante los últimos trescientos sesenta y cuatro días.

—La Atlántida solía ser un gran exponente de este sistema. Allí se disponía de una gran cantidad de estos cuerpos, de los cuales tomaba constantemente posesión alguna superpersona que deseaba realizar ciertas experiencias. Después de haberlo logrado, reingresaban a su propio cuerpo y dejaban el sustituto para otra persona.

—Maestro, sinceramente estoy desconcertado, porque si un Jardinero del Mundo posee todas estas facultades, ¿por qué no puede ir al Este, al Oeste, al Sur o al Norte y ver qué ocurre? ¿Por qué toda esta complicación de ocupar un cuerpo sustituto?

—Lobsang, estás pensando en forma mezquina. No podemos permitir que un alto personaje se perjudique. Su cuerpo no debe quedar dañado. Por consiguiente, le suministramos un cuerpo sustituto y, si éste pierde un brazo o una pierna, ¡mala suerte!, pero eso no causa daño a la alta personalidad que tomó posesión del cuerpo. Te lo explicaré de esta manera: en nuestra cabeza hay un cerebro que es ciego, sordo y mudo. Sólo puede llevar a cabo funciones animales, y desconoce en realidad, a qué se parece. Como ejemplo, supongamos que una alta personalidad deseaba experimentar la sensación de quemarse. En su propio cuerpo no lograría obtener las toscas y duras vibraciones necesarias para experimentar la sensación de la quemadura, pero sí en este cuerpo de menor categoría, por lo cual la superentidad penetra en el cuerpo sustituto y de esa manera se obtienen las condiciones necesarias. Así, tal vez, la superentidad pueda llegar a saber de qué se trata a través de la experiencia de su sustituto. El cuerpo puede ver, la mente no. El cuerpo puede oír, la mente no puede hacerlo. El cuerpo puede experimentar amor, odio y toda clase de emociones, pero la superentidad no lo logra y se ve obligada a lograr el conocimiento por interpósita persona.

—Entonces, ¿todos estos cuerpos están vivos y listos para que los utilice cualquiera que llegue? —pregunté?

—No, de ningún modo. La entidad no puede entrar en el cuerpo si el propósito es incorrecto. La superentidad debe tener alguna buena razón, absolutamente auténtica, para tomar posesión de un cuerpo. No se puede hacer por intereses sexuales o económicos, pues, en ese caso, no se contribuye al progreso de nadie. Suele ocurrir que los Jardineros del Mundo deben realizar alguna tarea, lo cual resulta difícil, pues al ser supercerebros no pueden sentir ni ver las cosas. Por tal motivo, se han tomado medidas para que un número adecuado de esos supercerebros tome posesión de un cuerpo, llegue a la Tierra y asuma la forma de seres terrestres. Yo siempre digo que el problema principal es el olor espantoso que emiten esos cuerpos. Huelen como carne caliente, en putrefacción, y puede necesitarse medio día antes de superar la náusea que ocasiona esa toma de posesión. En consecuencia, no existe realmente forma en que una superentidad que posiblemente se haya equivocado en algún sentido pueda tomar como víctima el cuerpo sustituto. Puede observar lo que hacen otros, evidentemente, pero no se puede hacer nada que perjudique a la superentidad.

—Bien, todo esto es un tremendo acertijo para mí, porque si una superentidad debe esperar hasta que un cuerpo tenga treinta años, ¿qué le ocurrirá al Cordón de Plata? Es evidente que el Cordón de Plata no está cortado, pues en tal caso supongo que el cuerpo que espera moriría.

—No, no, no, Lobsang —replicó el Lama—. Estos cuerpos sustitutos poseen una especie de Cordón de Plata que conduce a una fuente de energía que mantiene despejado el camino para la ocupación del cuerpo. En la mayor parte de las religiones del mundo se conocen estos fenómenos: El Cordón de Plata está vinculado por medios metafísicos con una fuente central y las personas que cuidan esos cuerpos pueden evaluar su estado a través del cordón, agregando o eliminando alimentos, según el estado del cuerpo.

Sacudí la cabeza, perplejo, y repliqué:

—Pero, entonces, ¿cómo es posible que en algunas personas el Cordón de Plata emerja de la cima de la cabeza, mientras que en otras sale del ombligo? ¿Significa eso que uno es mejor que otro? ¿Quiere decir que la salida del Cordón por el ombligo corresponde a quienes aún no han evolucionado en la misma medida?

—No, no, de ninguna manera. No importa en lo más mínimo de dónde sale el Cordón de Plata. Si perteneces a cierto tipo de personas podría ocurrir que el Cordón de Plata emergiera del dedo gordo del pie; mientras continúe el contacto el resto no importa. Hasta tanto exista el contacto y se mantenga en forma adecuada, el cuerpo vive en una situación que podríamos llamar de estasis, lo cual significa que todo se mantiene en reposo. Los órganos corporales funcionan en su nivel mínimo, y a lo largo de todo un año un cuerpo consumirá menos de un cuenco de "tsampa". Nos vemos obligados a actuar de esta manera pues, en caso contrario, recorreríamos continuamente estos túneles de la montaña, para estar seguros de que los cuerpos son atendidos correctamente; si la gente viniera aquí para alimentar los cuerpos les causaría daños, porque una persona puede vivir en condiciones de estasis durante millones de años, siempre que reciba la atención necesaria, que es suministrada por medio del Cordón de Plata.

—En ese caso, ¿puede venir aquí una gran Entidad para observar qué clase de cuerpo ocupará?

—No —dijo el Lama—. Si la entidad que está por ocupar un cuerpo lo viera desocupado no pensaría siquiera en entrar en una cosa de aspecto tan horrible. Ven conmigo, vamos al Salón de los Ataúdes.

Recogió sus libros y su bastón y se levantó en forma algo insegura.

—Creo que deberíamos examinar en primer término sus piernas, pues su aspecto es el de una persona que padece fuertes dolores.

—No, Lobsang, miremos primero esos ataúdes, y luego te prometo que nos ocuparemos de mis piernas.

Caminamos juntos a paso bastante lento, mientras

el Lama consultaba de vez en cuando su carta, hasta
que por último me indicó:

—Ahora debemos tomar por la primera curva a
la izquierda y luego la siguiente, otra vez a la izquierda; allí se encuentra la puerta por la cual debemos
entrar.

Recorrimos la senda con dificultad, giramos a la
izquierda y luego en la primera curva tomamos de nuevo
a la izquierda. Allí estaba la puerta, una gran puerta que
parecía de oro laminado. Al acercarnos se encendió la
luz, que luego nos acompañó constantemente, y la
puerta se abrió. Entramos; me detuve un momento
para tratar de acostumbrarme a una visión horrible. Se
trataba de una sala maravillosamente amueblada, con
gran cantidad de postes y rieles.

—Son para colgar un cuerpo recién despertado,
Lobsang —dijo el Lama—. En la mayor parte de los casos
están mareados cuando se despiertan, y es bastante molesto que caigan sobre su rostro y se lastimen, lo que
impediría que se los pudiera utilizar durante un cierto
tiempo. Esa circunstancia trastorna todos los planes y
tal vez nos veamos obligados a buscar un cuerpo diferente y una entidad distinta, lo cual implica mucho
trabajo adicional. A ninguno de nosotros le gusta eso.
Pero ven aquí y observa este cuerpo.

Me acerqué a regañadientes al lugar que indicaba
el Lama. No me gustaba contemplar cuerpos muertos,
pues me hacía reflexionar en el motivo por el cual los
seres humanos viven tan poco, si se piensa en un árbol,
que puede llegar a cuatrocientos años.

Observé el ataúd de piedra: allí estaba un hombre
desnudo. Sobre su cuerpo había una cierta cantidad de
algo parecido a agujas, conectadas con delgados alam-
bres, y de vez en cuando el cuerpo experimentaba una
contorsión y una pequeña sacudida. Era, por cierto,
una escena misteriosa. Mientras yo lo miraba, el hombre
abrió los ojos, que no veían, y los cerró de nuevo. El
Lama Mingyar Dondup me dijo:

—Ahora debemos abandonar la habitación porque
muy pronto este hombre será ocupado y a quienes lle-

gan aquí les resulta muy molesto que haya intrusos a su alrededor.

El Lama salió de la habitación. Eché una última mirada a mi alrededor, y lo seguí muy de mala gana, porque los hombres y las mujeres que se encontraban en los ataúdes de piedra estaban totalmente desnudos. Yo me preguntaba qué haría una mujer al ocupar uno de esos cuerpos.

—Capto lo que estás pensando, Lobsang —dijo el Lama—. ¿Por qué no se podría emplear a una mujer para hacer algunas cosas? Necesitas a una mujer porque existen algunos lugares donde no pueden entrar los hombres, del mismo modo que en ciertos lugares no pueden entrar las mujeres. Pero caminemos algo más rápidamente porque no quiero que la Superentidad que aguarda deba esperar.

Caminamos algo más de prisa, y luego el Lama me señaló:

—Me parece que se te ocurren muchas preguntas. ¿Por qué no las formulas? No olvides que serás un superlama y debes aprender una cantidad increíble de cosas que sólo se enseñan a uno entre un millón de sacerdotes.

—Bien —le contesté—, cuando la Superentidad ha entrado en el cuerpo del huésped, ¿qué ocurre? ¿Se apresura a prepararse una buena comida? ¡Estoy seguro de que yo lo haría!

El Lama rió y contestó:

—No, no se apresura en modo alguno. No tiene hambre, porque se ha mantenido bien alimentado al cuerpo sustituto que está preparado para ser ocupado inmediatamente.

—No comprendo por qué, Maestro. Creo que una Superentidad debería preferir el ingreso en un cuerpo que acaba de nacer en lugar de todas estas complicaciones con cuerpos muertos, que son como zombis.

—Lobsang, piénsalo un poco. Un niño necesita varios años antes de aprender algo: debe ir a una escuela, estar sometido a la disciplina de los padres, y ésa es una verdadera pérdida de tiempo. Tal vez desperdicie treinta o cuarenta años, mientras que si el cuerpo puede hacer todo eso y luego venir a estos ataúdes, entonces vale mucho más, pues conoce todas las condiciones de la vida, en la parte del mundo en que se encuentra, y no necesita pasar años enteros esperando y aprendiendo, sin estar de ningún modo seguro de lo que ocurre a su alrededor.

—Ya he hecho experiencias —le contesté— y las cosas que me han ocurrido no parecen tener ningún sentido. Posiblemente lograré una cierta iluminación antes de que nos alejemos de este lugar. De cualquier manera, ¿por qué los seres humanos tienen una vida tan terriblemente breve? Hemos leído algo acerca de los Sabios, los que poseen realmente sabiduría; viven cien, doscientos o trescientos años y continúan pareciendo jóvenes.

—Bien, Lobsang, da lo mismo que te lo diga ahora: tengo más de cuatrocientos años, y puedo decirte exactamente el motivo por el cual los seres humanos tienen una vida tan terriblemente corta.

—Hace varios millones de años, cuando el globo terráqueo se encontraba en su infancia, un planeta se acercó mucho y estuvo a punto de chocar con la Tierra. En realidad, la desviaron de su órbita los impulsos antimagnéticos provenientes del otro mundo. Pero chocó con un planeta aún más pequeño, que se disgregó en pedazos que forman lo que ahora se conoce como el cinturón de asteroides. Luego nos ocuparemos de este fenómeno en forma más amplia. Por ahora te diré que, cuando este mundo estaba en formación, había grandes volcanes por todas partes que derramaban lava y emitían humo. El humo se elevó y formó espesas nubes que rodearon toda la Tierra. Este mundo no había sido preparado de ningún modo para estar expuesto a la luz solar, que es dañina por poseer rayos mortíferos, sumamente nocivos para un ser humano y para todas las criaturas. Pero la cubierta de nubes convirtió el mundo en un invernadero, pues los rayos beneficiosos se filtraban, en tanto que los perjudiciales eran detenidos. En esas condiciones, la gente solía vivir centenares de años. Pero cuando el planeta intruso se acercó, barrió con todas las nubes que cubrían esta Tierra y en un plazo de dos generaciones la duración de la vida de la gente se acortó a unos setenta años.

—El otro planeta, al chocar y destruir el mundo más pequeño para formar el cinturón de asteroides, derramó el contenido de sus mares en la Tierra. Ahora bien, nuestro planeta disponía de agua que formaba nuestros mares, pero ese otro mundo tenía un mar muy diferente; era un mar de petróleo. Sin esa colisión, este mundo no dispondría de productos petrolíferos. Sería mucho mejor, porque en la actualidad del petróleo se extraen drogas, y muchas de estas drogas son sumamente nocivas. Pero aquí está el petróleo, y tenemos que tolerarlo. En esos días primitivos todos los mares estaban contaminados con sus productos pero, con el tiempo, el petróleo se hundió por debajo de los mares, atravesó los lechos de los océanos y se acumuló en grandes cuencas rocosas provenientes de las acciones volcánicas bajo el lecho de los mares.

—Con el tiempo el petróleo se agotará totalmente. El tipo del cual se dispone en la actualidad es perjudicial para el hombre, pues su combustión provoca la forma de un gas letal que origina muchas muertes y también hace que las mujeres embarazadas den a luz niños enfermizos, e incluso monstruos, en algunos casos. Veremos algunos muy pronto, porque existen en otras cámaras que visitaremos. Podrás verlo todo en el escenario tridimensional. Sé que estás impaciente por saber de qué manera se tomaban fotos hace mil millones de años. La respuesta es que en este Universo hay civilizaciones extraordinarias que en aquellos tiempos disponían de equipos fotográficos que podían penetrar a través de la neblina más espesa o la oscuridad más completa. Después de un cierto tiempo llegaron a esta Tierra los sabios supercientíficos y vieron que los seres humanos morían como moscas, por decirlo así, porque si la gente sólo puede vivir hasta los setenta años el plazo es muy corto, por cierto, y no concede la oportunidad de aprender tanto como se debiera.

Yo lo escuchaba con profunda atención. Todo lo que me decía me resultaba sumamente apasionante, y en mi opinión el Lama Mingyar Dondup era el hombre más sabio del Tibet.

El Lama dijo:

—Aquí, sobre la superficie de la Tierra, sólo conocemos la mitad del mundo, porque este mundo es hueco, al igual que muchos otros, como la Luna, y en su interior vive gente. Algunas personas niegan que la Tierra sea hueca, pero yo lo sé por experiencia personal, pues estuve allí. Una de las mayores dificultades consiste en que los científicos de todo el mundo niegan la existencia de lo que ellos mismos no descubren. Afirman que no es posible que la gente viva en el interior de la Tierra. Dicen que una persona no puede vivir durante varios centenares de años y que tampoco es posible que al ser barrida la cubierta de nubes de la Tierra, la duración de la vida se acortará. Pero es realmente así. Los científicos siempre se aferran a ·libros de texto que trasmiten informaciones que tienen una antigüedad de cien años en el momento en que alcanzan las aulas.

—Lugares como éste, esta caverna en que nos encontramos ahora, fueron construidos especialmente por los hombres más sabios que han existido. Los Jardineros de la Tierra podían enfermarse exactamente del mismo modo que los seres humanos, y a veces resultaba necesaria una operación que no podía realizarse en la Tierra. En consecuencia, se suspendían momentáneamente las funciones vitales del paciente y se lo encerraba en un envoltorio plástico sellado. Luego los médicos de las cavernas emitían mensajes etéreos especiales pidiendo una nave espacial hospital; ésta acudía con rapidez y se llevaba los contenedores con las personas enfermas, a quienes se operaba en el espacio, o bien se las llevaba de vuelta a su propio mundo.

—Es que resulta fácil viajar a velocidades cercanas a la de la luz. Algunos solían decir: "Si usted viaja a 50 kilómetros por hora se matará, porque la presión del aire le hará estallar los pulmones." Y luego, cuando se demostró que eso era falso, la gente comenzó a decir: "El hombre nunca podrá viajar a 100 kilómetros por hora pues se mataría." La afirmación siguiente fue que la gente nunca podría viajar a una velocidad superior a la del sonido. Actualmente sostienen que nadie puede viajar a una velocidad mayor que la de la luz. Como sabes, Lobsang, la luz tiene cierta velocidad. Está compuesta por las vibraciones que, después de ser emitidas por algún objeto, chocan con los ojos humanos y éstos ven el objeto tal como es. Pero con toda seguridad dentro de pocos años la gente viajará a una velocidad muchas veces superior a la de la luz, como lo hacen los visitantes que llegan hasta aquí en sus navíos espaciales. La nave que se encontraba en la otra cámara estaba preparándose justamente para despegar cuando la montaña experimentó un terremoto y la salida quedó bloqueada. Por supuesto, inmediatamente todo el aire que se encontraba en esa cámara fue desagotado en forma automática y quedaron suspendidas transitoriamente las funciones vitales de los tripulantes. Pero han permanecido tanto tiempo en esa situación que si ahora intentáramos revivirlos es probable que se encontrarán en un grado avanzado de demencia. Eso ocurre porque ciertas porciones sumamente sensibles de su cerebro han quedado privadas de oxígeno, sin el cual mueren, y la persona con un cerebro muerto... bueno, no vale la pena que se mantenga viva, pues ya no es humana. Pero estoy hablando demasiado, Lobsang. Vamos a ver algunas de las otras habitaciones.

—Maestro, me gustaría revisar en primer término su pierna, pues aquí disponemos de los medios para curarla con rapidez, y me parece incorrecto que usted padezca cuando es posible tratarlo muy bien mediante esta superciencia.

—De acuerdo, Lobsang, mi médico en ciernes. Volvamos a la sala de curaciones; allí revisaremos mi pierna y veremos qué podemos hacer.

CAPITULO V

Caminamos por el pasillo que separaba una habitación de otra, fuera de la sala principal, y pronto llegamos a la "Sala de Curación Médica". Entramos, y con nosotros penetró la luz, tan resplandeciente como antes. El lugar parecía intacto y no había signos de que hubiéramos estado allí anteriormente, ningún indicio de que nuestros pies cubiertos de polvo hubieran dejado huellas. El piso parecía recién pulido y los artefactos metálicos alrededor de la piscina central, recién bruñidos. Lo observamos al pasar y se me plantearon muchas nuevas preguntas, pero en primer término le dije:

—Maestro, introduzca sus piernas en la piscina y luego le quitaré esas vendas.

El Lama obedeció y se sentó en el borde azulejado. Yo entré en la piscina y desenrollé las vendas. Al acercarme a la carne me sentí mal, muy mal. En ese lugar las vendas presentaban un color amarillo y su aspecto era realmente horrible.

—¿Qué te pasa, Lobsang? Parece que hubieras comido una cantidad demasiado grande de alguna extraña comida.

—Oh, Maestro, sus piernas se encuentran en muy mal estado. Creo que nos veremos obligados a hacer que algunos monjes lo lleven de vuelta a Chakpori.

—Lobsang, no siempre las cosas son como parecen. Saca el vendaje, quita todos los envoltorios, hazlo con los ojos cerrados, si prefieres, o tal vez sería mejor que lo hiciera yo mismo.

Llegué hasta el extremo del vendaje y comprobé
que no podría quitárselo porque estaba adherido formando una mezcla horrible, pegajosa, que me hizo retroceder. Pero el Lama se inclinó, asió el manojo de vendas,
dio un fuerte tirón y las arrancó totalmente. Se observaban hilos almibarados que colgaban de las vendas. Sin
que se le torciera un pelo, las arrojó al suelo y me dijo:

—Bueno, ahora accionaré esta válvula y la piscina
se llenará. Lo habría hecho antes, pero no deseaba que
me quitaras el vendaje con el agua hasta la cintura.
Abandona la piscina y haré que el agua salga con mayor rapidez.

Salí gateando con gran premura y eché un vistazo a
esas horrendas piernas. Si hubiéramos estado en Chakpori o en algún otro lado por el estilo pienso que ambas
habrían sido amputadas. ¡Qué desgracia hubiera sido
para el Lama Mingyar Dondup que viajaba siempre de
un lado a otro haciendo el bien a alguien! Pero, mientras
lo miraba, de sus piernas se desprendieron rodajas de
material amarillo bilioso y verde que comenzaron a flotar
sobre la superficie de la piscina. El Lama se elevó un poco
más por encima del agua y luego tiró la válvula, con lo
cual el nivel ascendió y el material que flotaba desapareció a través de algo que supongo era un dispositivo de
escurrimiento.

El Lama hojeó nuevamente el libro y luego realizó
ciertos ajustes en un conjunto de válvulas de diferentes
colores. Observé que el agua cambiaba de color y en el
aire se percibía un acentuado olor a medicinas. Observé
de nuevo sus piernas: ahora estaban rosadas, como las
de un bebé recién nacido. Luego levantó un poco su
hábito y se undió algo más en el fondo de la piscina en
pendiente, de tal modo que el agua curativa le llegó hasta
los muslos. A veces permanecía inmóvil y en otras ocasiones caminaba lentamente, pero sus piernas continuaban curándose. Pasaron de un rosa fuerte a un rosa más
sano; y por último, no quedó ningún rastro, en absoluto, de la costra amarilla: había desaparecido por completo.

Dejé de mirar por un instante las piernas para echar

una mirada a las vendas que le había quitado. Sentí un escalofrío en el cuero cabelludo: habían desaparecido. No quedaba el menor vestigio, simplemente se habían ido. Tan atónito y estupefacto quedé que involuntariamente me senté olvidando que me encontraba en el agua, por más medicamentosa que fuera. Pero cuando se está en el agua en posición del loto ¡se debe mantener la boca cerrada, pues el gusto es horrible! Sin embargo, no era horrible; por lo contrario, resultaba agradable. Comprobé que un diente que me provocaba algunos trastornos desde hacía un tiempo había dejado de molestarme, según lo percibía con claridad en mi boca. Me levanté con rapidez y escupí sobre el borde de la piscina. En efecto; allí estaba el diente, partido en dos. Ahora lo observaba frente a mí, y me dije:

"¡Vamos! ¡Maldito seas, vete y sufre todo lo que quieras!"

Al mirarlo, observé algo absolutamente sobrenatural. El diente se movía hacia la pared más cercana y, al tocarla, desapareció. Me quedé allí parado, como un loco, con el agua que me goteaba desde el cuero cabelludo rasurado hasta los pies descalzos.

Me di vuelta para preguntar al Lama Mingyar Dondup si lo había visto. Estaba parado en cierto lugar en el piso en que los azulejos eran de distinto color. Del piso ascendía una corriente de aire tibio, de carácter curativo. Pronto el Lama quedó seco.

—Ahora es tu turno, Lobsang. Pareces un pez semiahogado. Es preferible que vengas aquí y te seques.

A decir verdad me sentía efectivamente como un pez semiahogado, y me pregunté cómo se puede ahogar un pez si vive en el agua. Hice la pregunta correspondiente al Lama y me contestó:

—Es perfectamente cierto: al sacar un pez, sus branquias comienzan a secarse inmediatamente. Si lo devuelves al agua se ahogará. No conocemos el motivo, pero sabemos que es así. Desde que te introdujiste en la piscina curativa tu aspecto ha mejorado mucho. Antes parecías sumamente cansado, pero ahora te encuentras como para correr cien kilómetros.

Salí de allí y miré sus piernas desde muy cerca. Mientras lo hacía, el color rosado comenzó a desaparecer y pronto recobraron su color natural. No quedaron rastros de que sólo una hora antes la carne había estado casi arrancada de los huesos. Las piernas estaban sanas, con aspecto fresco. ¡Y pensar que yo había estado reflexionando sobre la forma de amputarlas!

—Maestro —le dije— tengo tantas preguntas para hacerle que estoy casi avergonzado de pedir las respuestas, pero no puedo comprender de qué manera los alimentos y la bebida que han permanecido aquí durante innumerables años pueden continuar frescos y potables. Con el tiempo, aún la carne de nuestros congeladores se echa a perder. En consecuencia, ¿cómo es posible que este lugar, después de millones de años, se conserve tan nuevo como si hubiera sido construido ayer?

—Vivimos en una época peculiar, Lobsang, una época en que ningún hombre confía en otro. Hace tiempo, la gente de un país blanco se negó absolutamente a suponer que hubiera gente negra y gente amarilla: era demasiado fantástico para creerlo. En otra ocasión, algunas personas que viajaron a otro país vieron hombres a caballo. Nunca habían visto anteriormente caballos, no sabían que existieran, y cuando regresaron a su propio país relataron que habían visto un hombre-caballo, un centauro. Pero aún después que se supo que los caballos eran animales que podían ser montados por los hombres, muchas personas mantuvieron su incredulidad y pensaron que el caballo era una clase especial de seres humanos, convertidos en una forma animal. Existen muchas cosas por el estilo. La gente no cree en nada nuevo, a menos que pueda verlo, tocarlo y hacerlo pedazos. Aquí estamos cosechando los frutos de una civilización sumamente elevada, no una de las Atlántidas porque, tal como te lo señalé, Atlántida es tan sólo un término con el cual se señala la tierra que desapareció. No, estos lugares se remontan a una época muy anterior a la Atlántida.

—Existe una forma automática de detener todo desarrollo, todo crecimiento, hasta que se acerca un ser humano a cierta distancia. En consecuencia, si ningún ser humano regresara aquí, este lugar permanecería tal como está, invulnerable y sin ningún signo de corrupción o disolución. Pero si llegara gente y lo utilizara, tal como hemos hecho nosotros, después de que lo hubiera usado un cierto número de personas, el lugar se deterioraría, envejecería. Afortunadamente nos encontramos en un sitio que ha sido habitado en muy raras ocasiones; de hecho, sólo fue empleado dos veces desde su construcción.

—Maestro, ¿por qué motivo le resulta posible afirmar que este lugar sólo ha sido empleado dos veces?

El Lama señaló algo que se balanceaba en el aire desde el cielorraso.

—Allí está —afirmó—; si alguien va más allá ese aparato lo indica en cifras; y en este caso marca el número tres, que nos señala a nosotros. Cuando nos alejemos - lo cual no ocurrirá en tres o cuatro días—, el tiempo de nuestra estada quedará registrado, a disposición de las próximas personas que entren, para que puedan realizar conjeturas acerca de quiénes los precedieron. Lobsang, intento hacerte comprender que el nivel de civilización que existía cuando se construyó este lugar era el más elevado que se haya alcanzado en este mundo. En primer término, eran los Guardianes del Mundo, los Jardineros del Mundo. Su civilización había evolucionado tanto que podían fundir las rocas —incluso las más duras— y dejarlas con una terminación parecida a la del vidrio. La fusión se realizaba en frío y no se generaba calor, motivo por el cual era posible utilizar un lugar en forma inmediata.

—Sin embargo, no comprendo por qué esta gente tan altamente civilizada había decidido vivir en el interior de las montañas. Usted me dijo que esta cordillera montañosa se extiende por todo el mundo. En consecuencia, ¿por qué necesitaban ocultarse? —pregunté.

—Lo mejor que podemos hacer es ir al salón del pasado, el presente y el futuro. Allí está almacenado el conocimiento de todo lo que ocurrió en el mundo. La historia que has aprendido en las aulas no siempre es verídica: fue alterada para agradar al rey o al dictador que ejercía el poder en un momento dado. Algunas de esas personas desean que se considere su reinado como la Edad de Oro. Pero, al revisar el Registro Akáshico real, resulta imposible equivocarse.

—¿Habló usted del Registro Akáshico, Maestro? Yo suponía que sólo podríamos consultarlo cuando nos encontráramos en el plano astral. No sabía que vendríamos a las montañas y conoceríamos todo lo que ha acontecido —repliqué.

—Olvidas que las cosas se pueden copiar. Hemos logrado un cierto nivel de civilización, creemos ser sumamente inteligentes y nos preguntamos si alguna vez hubo alguien más inteligente, pero ven conmigo y te mostraré la verdadera realidad. Vamos: es un paseo bastante largo, pero el ejercicio te hará bien.

—Maestro, ¿no existe alguna forma de evitar que usted deba caminar? ¿No hay algo parecido a un trineo? O bien, ¿podría yo arrastrarlo si se sentara en un trozo de tela resistente?

—No, no, gracias, Lobsang, estoy en perfectas condiciones para realizar el recorrido. En realidad, ese ejercicio también puede ser bueno para mí. Pongámonos en camino.

Así lo hicimos; me habría gustado investigar algunas de las cosas interesantes que observábamos a nuestro paso. Me llamaban sumamente la atención las puertas, cada una con una inscripción grabada.

—Todos estos cuartos, Lobsang, están dedicados a distintas ciencias, ciencias de las cuales nunca se ha oído hablar todavía en este mundo, porque somos parecidos a ciegos que tratan de encontrar el camino en una casa con muchos pasillos. Pero yo puedo considerarme como una persona de vista normal pues me resulta posible leer esas inscripciones y, tal como te lo señalé, estuve antes en estas cavernas.

Por último llegamos a una pared aparentemente en blanco. Había una puerta a la izquierda y otra a la derecha, pero el Lama Mingyar Dondup las ignoró; se detuvo frente a la pared desnuda y emitió un sonido muy peculiar, con un tono autoritario. Inmediatamente, sin hacer ruido, el espacio en blanco se abrió por el medio y las dos mitades desaparecieron en los costados del pasillo. En el interior apenas se distinguía una luz débil, tenue, como si proviniera de las estrellas. Entramos en el salón que parecía inmenso.

Con un zumbido muy leve las dos mitades de la puerta se deslizaron a través del pasillo; en ese momento nos encontramos frente al lado opuesto de la pared, aparentemente en blanco.

La luz se hizo algo más intensa, y pudimos distinguir vagamente un gran globo que flotaba en el espacio. Era de una forma parecida a una pera y emitía destellos desde ambos extremos.

—Estos destellos son los campos magnéticos del mundo. Un poco más tarde sabrás todo sobre este tema.

Me quedé boquiabierto. Alrededor de los polos se observaban cortinas tornasoladas, con colores que variaban en forma continua; parecían ondular y fluir de un extremo al otro, pero cerca del Ecuador los colores adquirían matices mucho menos intensos.

El Lama profirió algunas palabras en un idioma que yo desconocía. Inmediatamente apareció la luz de una pálida alborada, parecida a la que se advierte al comenzar un nuevo día, y me sentí como quien acaba de despertar de un ensueño.

Pero no era un ensueño, como lo comprobé pronto. El Maestro me dijo:

—Aquí nos sentaremos, porque ésta es una consola con la cual se pueden modificar las edades del mundo. Recuerda que ahora no te encuentras en la tercera dimensión: aquí estás en la cuarta dimensión y pocas personas pueden sobrevivir a esta experiencia. Por consiguiente, si te sientes trastornado en cualquier sentido o enfermo, dímelo enseguida y te haré recuperar.

Pude advertir vagamente que la mano derecha del Lama se extendía y estaba dispuesta a girar un botón. Pero antes se dirigió nuevamente hacia mí y me dijo:

—¿Estás seguro de sentirte bien, Lobsang? ¿No experimentas sensaciones de náusea o de mareos?

—No, señor, estoy del todo bien y absolutamente fascinado: me pregunto qué veremos primero.

—En primer término debemos contemplar la formación del mundo y luego a los Jardineros quienes llegarán, mirarán a su alrededor, revisarán el lugar y luego se alejarán para elaborar planes. Luego los verás venir en una gran nave espacial, porque en realidad la Luna es eso: una nave espacial.

De pronto todo quedó a oscuras, en la mayor oscuridad en que yo me había encontrado hasta ese momento. Aun en una noche sin luna se puede advertir la suave luz de las estrellas, e incluso en un cuarto cerrado sin ventanas siempre queda un destello de luz. Pero aquí no se veía absolutamente nada.

En ese momento salté de mi asiento y casi se me desprendieron las ropas a causa del temor que experimentaba: con increíble velocidad se acercaban dos manchas luminosas que chocaron entre sí y luego la pantalla se llenó de luz. Pude observar gases que giraban y vapores de distintos colores, y luego el globo lo llenó todo. Advertí ríos de fuego que se derramaban desde volcanes que lanzaban llamas. La atmósfera estaba casi turgente. Tenía conciencia, pero en forma borrosa, de que estaba contemplando algo y que en realidad no me encontraba allí en persona. En consecuencia, presté atención y me sentí cada vez más fascinado a medida que el mundo se encogía y disminuía el número de los volcanes. Pero los mares aún humeaban a causa de la lava caliente que se había derramado en ellos. Sólo se veían rocas y agua. Se divisaba una única faja de tierra, no muy grande: un único trozo sólido, que impartía al globo un movimiento peculiar de carácter irregular. No seguía una trayectoria circular, sino que parecía más bien una senda dibujada por algún niño tembloroso.

Observé que gradualmente el mundo se tornaba más redondo y frío. Aún no había más que rocas y agua y terribles tormentas que cruzaban su superficie. El viento rugía en las cimas de las montañas, que se derrumbaban por las laderas y se convertían en polvo.

Trascurrió el tiempo y la tierra recubrió una parte

del mundo con el polvo proveniente de las montañas. La tierra se levantó y se agitó, y en algunas partes surgieron grandes chorros de humo y vapor. De pronto una parte se separó de la masa continental y principal y durante algunos segundos pareció quedar colgada de aquélla, en la vana esperanza de volver a unificarse. Advertí animales que, resbalando por las pendientes, caían en el agua hirviente. Luego el trozo separado se partió aún más, se separó por completo y desapareció bajo las olas.

De alguna manera descubrí que podía observar al mismo tiempo la otra parte del mundo y, ante mi inexpresable sorpresa, vi que del mar surgía la Tierra que se elevó como una mano gigantesca que emergiera, se sacudió un poco y luego se estremeció, quedando en reposo. Esta Tierra, desde luego, consistía sólo en rocas: no se observaba una sola planta, ni una mata de pasto, ni árboles. Luego una montaña estalló prácticamente en llamas lívidas, rojas, amarillas y azules, y luego brotó un flujo de lavas, incandescentes y blancas, como si se tratara de un chorro de agua caliente. Pero no bien tocaba el agua el río de lava cristalizaba y se solidificaba. Pronto la superficie de la roca desnuda se recubrió con una masa amarilloazul, que enfrió con rapidez.

Yo miraba asombrado la escena y me preguntaba dónde había ido mi Guía. Estaba tras de mí, y me dijo:

—Muy interesante, Lobsang, muy interesante, ¿no es cierto? Queremos ver mucho más, de modo que saltaremos la época en que la tierra desolada se sacudió y retorció al enfriarse en el espacio. Cuando volvamos, observaremos los primeros tipos de vegetación.

Volví a sentarme en la silla, absolutamente asombrado. ¿Estaba ocurriendo realmente lo que observaba? Me parecía ser un dios contemplando el comienzo del mundo. Me sentía en un estado "peculiar", porque este mundo que tenía frente a mí me parecía más grande que el que yo conocía. Y yo... bueno, parecía estar dotado de notables facultades de visión. Pude ver que las llamas consumían el centro del mundo, de tal modo que se tornaba hueco, parecido a una pelota. Sobre la superficie de la tierra caían continuamente meteoritos, polvo cosmico y cosas muy extrañas.

Cerca de mí, totalmente a mi alcance, según pensaba, cayó una cierta máquina. Ante mi incredulidad, se partió por el medio y salieron de ellas cuerpos y maquinarias. Me dije a mí mismo:

—En alguna era futura alguien tropezará con estos restos y se preguntará qué lo causó, qué fue.

Mi Guía habló:

—Sí, Lobsang, eso ya ocurrió. En la era actual, ciertos mineros de carbón han encontrado objetos realmente notables, artefactos que revelaban una pericia desconocida en esta Tierra y también algunos instrumentos muy extraños; en una oportunidad, el esqueleto completo de un hombre muy alto, de gran tamaño. Tú y yo somos los únicos que podemos contemplar esta escena, porque antes de que la máquina quedara completada los dioses conocidos como los Jardineros del Mundo se habían peleado con respecto a las mujeres; por tal motivo sólo podemos ver la formación de esta Tierra, la nuestra. Si se hubiera completado la máquina, observaríamos también otros mundos. ¿No habría sido una cosa maravillosa?

Los meteoritos caían elevando columnas de agua al tocar la masa líquida, originando fuertes hendiduras cuando chocaban con las rocas o con el suelo rudimentario que cubría en esa época la Tierra.

El Lama acercó la mano a otro botón —creo que en realidad habría que hablar de interruptores— y la acción se aceleró en tal forma que no pude advertir de qué se trataba; luego su ritmo disminuyó. Observé una superficie de exuberante vegetación. Grandes helechos, más altos que árboles, se proyectaban hacia el cielo, que ahora estaba cubierto por nubes de color púrpura, por lo cual el aire mismo adquiría un matiz de ese color. Era fascinante contemplar a las criaturas que inspiraban y espiraban algo de aspecto similar a un humo púrpura. Pero pronto me cansé de esa escena o, mejor dicho, me acostumbré a ella, y continué observando. Había monstruos espantosos, increíbles, que se abrían camino pesada-

mente a través de los pantanos y las ciénagas. Parecía
que nada podía detenerlos. Una enorme bestia —no tengo la menor idea de su nombre— tropezó con un grupo
de otras ligeramente más pequeñas. Estas no se mo-
vieron, y la bestia más grande no se detuvo, sino que ba-
jó la cabeza y, con un movimiento de una masiva protu-
berancia ósea —supongo que era la nariz— se abrió simplemente camino a través de los otros animales, destro-
zándolos. El suelo húmedo quedó sembrado de sangre,
intestinos y otras cosas de naturaleza similar. A medida
que ciertas partes de los animales caían al suelo, del agua
emergían bestias peculiares con seis piernas y mandíbulas parecidas a dos palas que tragaban todo el alimento
que encontraron, y luego buscaron más. Una de ellas
había caído sobre algo parecido a un tronco, quebrán-
dose una pata. Las otras arremetieron y la comieron
viva, dejando sólo los huesos como prueba de lo que
había ocurrido. Pero pronto los huesos se cubrieron de
hojas que crecieron, florecieron y se marchitaron, cayendo al suelo y convirtiéndose, millones de años más tarde,
en una veta de carbón. En cuanto a los huesos de los
animales, cuando fueron encontrados, se convirtieron en
un motivo de asombro.

El mundo siguió dando vueltas, ahora a mayor velocidad, porque las cosas se desarrollaban más rápidamente. El Lama Mingyar Dondup accionó otro inte-
rruptor y con el codo izquierdo me golpeó las costillas,
diciéndome:

—Lobsang, Lobsang, ¿estás realmente despierto?
Debes ver esto. Manténte despierto y mira.

Lo que apareció podría llamarse un cuadro, pero
tridimensional: era posible situarse detrás de él sin
ningún esfuerzo aparente. El Lama volvió a golpearme
en las costillas y señaló el cielo púrpura. Se veía una
estela plateada, y un largo tubo plateado cerrado en ambos extremos comenzó a descender lentamente. Por
último, se desprendió de las nubes de color púrpura y
quedó suspendido a varios metros sobre la tierra. Luego,
como si hubiera tomado una gran decisión repentina,
se posó suavemente sobre su superficie. Durante algunos

minutos se mantuvo inmóvil. Daba la impresión de un animal cansado, mirando a su alrededor antes de abandonar su seguro refugio.

Finalmente la criatura pareció satisfecha y una gran sección metálica cayó desde el costado y golpeó el suelo con un ruido sordo. Por la abertura apareció una cierta cantidad de criaturas peculiares que miraron a su alrededor. Su estatura duplicaba aproximadamente la de un hombre alto; eran dos veces más anchos, pero parecían estar recubiertos por una especie de vestimenta que los tapaba de la cabeza a los pies. La parte en que se encontraba la cabeza era totalmente trasparente. Podíamos divisar sus rostros severos y de aspecto autocrático. Parecían estudiar un mapa y tomar notas.

Por último, llegaron a la conclusión de que todo estaba en orden, y uno por uno se dejaron caer sobre la pieza de metal que habían lanzado al suelo, pero que aún seguía fijada a la nave en un costado. Como ya he dicho, esos hombres estaban recubiertos por una especie de funda o vestimenta protectora. Uno de ellos – supuse que eran hombres, aunque era difícil asegurarlo, teniendo en cuenta el humo y lo difícil que resultaba mirarlos a través de sus cascos trasparentes— dio un paso fuera de la gran plancha de metal y cayó sobre su rostro en el pantano. Casi antes de que tocara la superficie algunas criaturas de aspecto repugnante irrumpieron desde la vegetación y lo atacaron. Sus compañeros no perdieron tiempo en extraer una especie de arma del cinturón que usaban. El hombre fue arrastrado con rapidez a la planchuela metálica y se observó que la envoltura del cuerpo estaba sumamente desgarrada, al parecer por animales, y que fluía la sangre. Dos de los hombres lo llevaron a la nave, y varios minutos después reaparecieron, trayendo algo en las manos. Se pararon sobre la plancha metálica, presionaron un botón de un instrumento, y de una boquilla puntiaguda emergió una llama. Todos los insectos que habían alcanzado la plancha quedaron achicharrados y fueron barridos de la plancha metálica, que luego se elevó de nuevo, reincorporándose a la nave.

Los hombres que operaban los lanzallamas se desplazaron con cautela a su alrededor proyectando las llamas sobre el suelo y quemando toda una franja de tierra a un lado de la nave. Luego cambiaron la dirección de las llamas y se apresuraron a seguir a los otros hombres que se habían internado a través de un bosque de helechos. Estos helechos eran tan altos como grandes árboles, y resultaba fácil seguir el pasaje de los hombres porque, al parecer, disponían de algún dispositivo de corte que oscilaba de un lado a otro, cortando los helechos casi al nivel del suelo. Me propuse ver qué hacían.

Me levanté de mi asiento y me desplacé un poco hacia la izquierda. Allí disponía de una mejor posición para mirar y podía ver que los hombres, al parecer, avanzaban hacia mí. Encabezaban la marcha dos que sostenían algo que se deslizaba, cortando todos los helechos que encontraban a su paso, y que parecía tener una cuchilla rotatoria. Pronto se abrieron camino a través del bosque de helechos y se hallaron en un espacio abierto, en el cual se encontraba reunida una cierta cantidad de animales. Los animales divisaron a los hombres, y éstos miraron a los animales. Un hombre decidió poner a prueba su agresividad: apuntó hacia ellos con un tubo metálico y oprimió un pequeño gatillo. Se produjo una tremenda explosión y el animal hacia el cual apuntaba el arma cayó destrozado en pedazos. Me recordaba a un monje caído desde la cima de una montaña, cuyos restos se habían desparramado. De los otros animales no quedaron rastros: se alejaron a toda velocidad.

—Es mejor que avancemos un poco, Lobsang; tenemos mucho terreno que recorrer y nos adelantaremos unos mil años.

El Lama accionó uno de los interruptores y el globo comenzó a girar como un torbellino; por último, retornó a su ritmo natural de rotación.

—Este es el momento más adecuado, Lobsang. Es preferible que observes con cuidado, porque podremos contemplar la forma en que se construyeron estas cavernas.

Examinamos la escena con suma atención y vimos una cadena de colinas muy bajas. Al acercarse más, comprobamos que se trataba de rocas, cubiertas por un material de color verde musgo, salvo en su parte superior, en que sólo había rocas desnudas.

Hacia un costado vimos algunas casas extrañas, que parecían semiesferas. Si se corta una pelota en dos y se coloca la mitad cortada sobre el suelo se tendrá una cierta idea de la forma de esas construcciones. Las miramos y observamos que a su alrededor se movía gente, vestida con un material ceñido al cuerpo, que no dejaba dudas en cuanto al sexo. Pero ahora se habían quitado el casco trasparente y hablaban entre sí. Evidentemente se habían entablado muchas disputas. Al parecer, uno de los hombres era el jefe; de pronto impartió algunas órdenes y una máquina salió de uno de los lugares que servían como refugio y se desplazó hacia la ondulación rocosa. Uno de los hombres avanzó y se sentó en un asiento metálico en la parte trasera de la máquina. Luego ésta se movió hacia adelante, emitiendo "algo" desde tubos situados en todo el frente, la parte trasera, la base y los costados. A medida que la máquina se desplazaba con lentitud hacia adelante, las rocas se fundían y comenzaban a encogerse. La máquina emitía una amplia luz, de modo tal que podíamos advertir que estaba perforando un túnel a través de la roca. Continuaba avanzando, y luego comenzó a recorrer un círculo. En pocas horas había excavado la gran caverna en la cual nosotros habíamos entrado al comienzo. Era inmensa y observamos que se trataba en realidad de una barraca o hangar para algunas de las máquinas que sobrevolaban continuamente el lugar.

Toda esta escena nos resultaba sumamente desconcertante. Nos olvidamos del tiempo y de que teníamos hambre o sed para continuar mirando. Cuando la gran cámara quedó concluida, la máquina siguió un recorrido que al parecer había sido marcado en el piso y que se convirtió en uno de los pasillos. Continuaron operando fuera del alcance de nuestra vista, pero después aparecieron otras máquinas que excavaron en los pasillos cuartos de diferentes tamaños. Las máquinas parecían derretir la roca y luego se abrían de nuevo camino, dejando una superficie tan pulida como el vidrio. No quedaba polvo ni escombros, sino tan sólo esta superficie resplandeciente.

A medida que las máquinas realizaban su tarea, cuadrillas de hombres y mujeres entraban en los cuartos llevando cajas y más cajas que parecían flotar en el aire. Sin duda, no hacía falta ningún esfuerzo para levantarlas. Un supervisor situado en el centro de un cuarto señalaba el lugar en que se debía depositar cada una. Cuando cada habitación recibió su equipo completo de cajas, los trabajadores comenzaron a descargar una parte de su contenido. Había máquinas extrañas y toda clase de objetos curiosos, entre los cuales reconocí un microscopio. Había visto en una oportunidad uno muy tosco, porque Alemania había regalado uno de estos instrumentos al Dalai Lama.

Nos llamó la atención una reyerta que se estaba desarrollando, como si algunos de los hombres y las mujeres se opusieran a los otros hombres y a las otras mujeres, con gritos y muchas gesticulaciones. Por último, un grupo se introdujo en uno de los vehículos que sobrevolaban el lugar sin decir adiós ni nada por el estilo; entraron, una puerta se cerró y las máquinas se alejaron.

Pocos días después —contábamos los días de acuerdo con la velocidad del globo que estábamos observando— regresó un cierto número de naves y se estacionó sobre el campamento. Luego se abrieron los fondos de las mismas y comenzaron a caer algunos bultos. Observamos que la gente corría desesperadamente tratando de alejarse de los lugares donde caerían esos objetos. Después se arrojaron al suelo cuando el primero llegó a tierra y estalló, levantando un violento resplandor de color púrpura. Nos resultó difícil seguir mirando, porque quedamos totalmente enceguecidos por el brillante destello. Pero luego comenzaron a salir del bosque de helechos delgados haces de fuerte luz, uno de los cuales golpeó en el aire a una de las máquinas, que inmediatamente desapareció en un huracán de fuego.

—Ten presente, Lobsang, que aun los Jardineros de
la Tierra tenían sus problemas y uno de ellos era el sexo:
había demasiados hombres y escaso número de mujeres,
y cuando los hombres se mantienen apartados de las
mujeres durante mucho tiempo se tornan lujuriosos
y recurren a una gran violencia. No vale la pena que con-
tinuemos mirando esta escena porque se trata simplemente de asesinatos y violaciones.

Después de algún tiempo, un cierto número de naves
se alejó, dirigiéndose evidentemente hacia su base, otra
nave que giraba alrededor del globo a gran altura. Después de algunos días llegaron y aterrizaron otras grandes
naves de las cuales salieron hombres fuertemente acora-
zados que comenzaron a dar caza a sus enemigos a través del follaje. Fusilaban a todos los que veían, sin hacer
ninguna clase de preguntas, si se trataba de hombres;
en el caso de las mujeres, eran capturadas y llevadas a
una de las naves.

Debimos detenernos pues el hambre y la sed apre-
miaban demasiado. Ingerimos nuestro "tsampa" y tomamos agua. Después de comer y de realizar algunas otras
tareas regresamos al salón donde se encontraba el globo.
El Lama Mingyar Dondup accionó una perilla y volvimos
a ver el mundo. Ahora se observaban hombrecitos, cuya
estatura era de un metro veinte y muy patizambos.
Disponían de ciertas armas que consistían en un palo
en uno de cuyos extremos ataban una piedra aguzada
que afilaban aún más golpeándola una y otra vez hasta
obtener un borde realmente filoso. Había una cierta cantidad de hombres fabricando estas armas, mientras
otros hacían otras de diferente tipo. En una banda de
cuero colocaban piedras de gran tamaño. Dos hombres
extendían el lazo de cuero, embebido en agua para que
fuera posible estirarlo, y luego lo soltaban; de este modo
arrojaban piedras a sus enemigos.

Pero estábamos más interesados por ver de qué manera se modificaban las civilizaciones. El Lama Mingyar
Dondup operó de nuevo sus controles y el globo quedó
a oscuras. Trascurrieron varios minutos antes de que el
escenario se iluminara gradualmente como si se hiciera

el alba en forma lenta; luego reinó de nuevo la luz del día
y contemplamos una gran ciudad con prominentes agujas que sobresalían de sus edificios y sus altos alminares.
Se pasaba de una torre a otra por puentes de aspecto
frágil. Me parecía sorprendente que pudieran sostenerse y menos aún soportar el tráfico, pero luego observé
que éste era aéreo. Desde luego, algunas personas cami-
naban por los puentes y en calles situadas a diferentes
niveles.

De pronto escuchamos un enorme estruendo. Por
un instante no advertimos que provenía del globo tridimensional. Miramos atentamente y observamos puntos
minúsculos que se aproximaban a la ciudad. Antes de
alcanzarla, los minúsculos puntos realizaron círculos
y dejaron caer bultos desde su interior.

La poderosa ciudad se derrumbó. Las torres se
vinieron abajo y los puentes se hundieron; sus restos parecían trozos de un cordel demasiado anudado y retor-
cido como para tener alguna utilidad.

Vimos cuerpos que caían de los edificios más altos
y supusimos que se trataba de los principales ciudada-
nos a causa de sus ropas y de la calidad de los muebles
que se precipitaban con ellos.

Observamos la escena en silencio. Apareció otra
nube de pequeños puntos oscuros provenientes de la otra
dirección que atacaron a los invasores con ferocidad
sin precedentes. Parecían carecer de toda consideración
por su propia vida, pues disparaban sobre sus enemigos
y, si no lograban derribarlos, se lanzaban directamente
contra ellos. Yo diría que eran grandes bombarderos.

El día terminó y sobre la escena se hizo la noche,
iluminada por grandes llamaradas, mientras la ciudad
ardía. Por todas partes estallaban incendios. En el otro
lado del globo pudimos ver ciudades enteras en llamas.
Cuando las luces del alba iluminaron la escena con los
rayos de un sol teñido en sangre, sólo percibimos montículos de escombros, pilas de cenizas y metales retor-
cidos.

El Lama Mingyar Dondup dijo:

--Sigamos un poco más adelante. No necesitamos

ver todo esto, Lobsang, porque tú mismo, mi pobre amigo, lo presenciarás antes que termine tu vida sobre esta tierra.

El globo que era el mundo continuó girando. De la oscuridad se pasó a la luz, y de ésta a la oscuridad. Había olvidado cuántas veces giró el globo, o tal vez no lo supe nunca. Por último, el Lama accionó de nuevo los controles y el globo que giraba rápidamente redujo su rotación a un ritmo normal.

Miramos con atención a un lado y a otro y entonces advertimos a algunos hombres con trozos de madera a guisa de arado. Los caballos los arrastraban surcando el suelo y vimos caer, uno tras otro, los edificios que se hundían en las zanjas abiertas por el arado.

Día tras día prosiguieron arando hasta que no quedaron rastros de civilización en esa zona. El Lama Mingyar Dondup se dirigió a mí:

—Creo que es suficiente por hoy, Lobsang. En caso contrario nuestros ojos quedarían demasiado cansados para el día de mañana, y debemos contemplar esta escena porque se repetirá una y otra vez hasta que por último vendrán guerreros belicosos que exterminarán prácticamente toda la vida sobre la Tierra. Por consiguiente, comamos algo y retirémonos a dormir por la noche.

Lo miré con sorpresa.

—¿Es de noche, Maestro? —Le pregunté—. ¿Cómo haremos para saber qué hora es?

El Lama señaló un pequeño cuadrado, bastante alejado del suelo, tal vez tan alto como tres hombres subidos el uno sobre el otro y donde se observaba una manecilla, un indicador. En lo que parecía un fondo con azulejos se encontraban ciertas divisiones de luz y oscuridad; ahora la manecilla apuntaba a un lugar situado entre la luz más intensa y la mayor oscuridad.

—Aquí, Lobsang —dijo el Lama—; está por comenzar un nuevo día. Sin embargo, tenemos mucho tiempo para descansar. Me introduciré de nuevo en la fuente de la juventud porque me duelen las piernas. Creo que me he raspado fuertemente el hueso y me he desgarrado las carnes.

—Maestro, Maestro —le dije—, permítame que lo atienda.

Me encaminé con rapidez hacia el cuarto donde se encontraba la fuente y levanté mis hábitos. Luego el agua comenzó a fluir y moví el pequeño objeto que el Lama había llamado grifo, de modo tal que el agua continuó fluyendo después que salí de la piscina. Luego giré otro grifo por el cual el Lama me había dicho que llegaba una pasta medicamentosa que se disolvía rápidamente en el agua.

El Lama se sentó en el borde de la piscina y luego introdujo sus piernas en el agua.

— ¡Ah! —exclamó—. Esto parece mejor. Me alivia mucho, Lobsang. Pronto mis piernas se habrán recuperado y algún día podremos hablar de esta piscina con asombro.

Froté sus piernas en forma vigorosa; comenzaron a desprenderse pequeños trozos de tejido cicatricial hasta desaparecer del todo, y sus piernas adquirieron nuevamente un aspecto normal.

—Ahora tiene mejor aspecto, señor —dije—. ¿Le parece suficiente?

—Sí, estoy seguro de que es bastante. No nos quedaremos aquí en mitad de la noche, ¿no es cierto? Ahora busquemos comida.

Salió de la piscina. Yo giré la gran rueda que de alguna manera hacía salir toda el agua. Cuando la piscina estuvo vacía, moví el grifo para que el agua terminara de arrastrar algunos trozos de tejido cicatricial que habían quedado allí. Después de hacerlo, cerré de nuevo los grifos y fui a buscar al Lama.

—Por hoy es suficiente, Lobsang —dijo mi Guía—. Preferiría "tsampa" y agua para nuestra cena. Luego iremos a dormir. Comeremos mejor por la mañana.

Nos sentamos en el piso en la habitual posición del loto y comimos "tsampa" utilizando cucharas. Nos considerábamos sumamente refinados, pues no lo tomábamos con los dedos sino que utilizábamos un implemento civilizado que, según la ilustración de uno de los libros, recibía el nombre de cuchara. Pero antes de terminar la cena caí hacia atrás olvidando por completo el mundo. Quedé dormido de nuevo profundamente, y el mundo siguió rodando.

CAPITULO VI

Me senté repentinamente en la oscuridad, preguntándome dónde estaba. Al hacerlo, la luz llegó en forma gradual, pero no como ocurre al encender una vela, cuando se pasa en forma rápida de la oscuridad a la luz. Esta vez la luz llegó como el alba, lentamente, de tal modo que los ojos no padecieran ninguna tensión. Podía oír que el Lama Mingyar Dondup ejecutaba alguna tarea en la cocina. Me llamó y me dijo:

—Estoy preparando el desayuno, Lobsang. Deberás comer cosas como éstas cuando viajes a Occidente. Además, es mejor que te acostumbres ahora —y rió con disimulado regocijo.

Me levanté y me encaminé a la cocina. Después reflexioné que la Naturaleza está en primer término e invertí la dirección de mi viaje para que la Naturaleza pudiera ocupar el primer lugar.

Después de llevar a buen puerto esta tarea regresé a la cocina; el Lama estaba colocando un poco de comida en un plato, algo de color marrón rojizo, con dos huevos. Ahora supongo que estaban fritos, pero en aquellos días no había comido nunca ese tipo de alimentos. Me hizo sentar en una mesa y se paró tras de mí.

—Este es un tenedor, Lobsang. Tómalo con la mano izquierda y sostén el trozo de tocino, mientras lo cortas con el cuchillo que tienes en tu mano derecha. Después de haberlo cortado por la mitad, utiliza el tenedor para llevar el trozo a la boca.

—Qué idea malditamente estúpida —exclamé, tomando el tocino con los dedos y el pulgar y recibiendo del Lama un golpecito en los nudillos.

—No, no, no, Lobsang. Vas a dirigirte hacia Occidente con una misión especial y debes acostumbrarte a vivir como viven ellos; para eso debes aprender a hacerlo ahora. Toma ese tocino con el tenedor y llévalo a la boca, ponlo en ella y luego retira el utensilio.

—No puedo, señor —contesté.

—¿No puedes? ¿Y por qué no puedes hacer lo que te digo? —preguntó el Lama.

—Señor, yo había llevado esa comida a la boca y al darme usted un golpe en los nudillos la solté y comí el maldito alimento.

—Aquí tienes la otra mitad. Tómala con el tenedor y llévala a la boca. Ponla allí y luego retira el tenedor.

Así lo hice, pero me parecía algo sumamente tonto. ¿Para qué se necesitaba un trozo de metal encorvado para llevar alimentos a la boca? Era la cosa más disparatada que había escuchado, pero había algo aún peor:

—Ahora coloca la parte cóncava del tenedor debajo de uno de los huevos y córtalo con el cuchillo hasta tener alrededor de un cuarto de huevo sobre el tenedor. Luego llévalo a la boca y cómelo.

—¿Dice usted que si me dirijo a Occidente deberé comer de esta manera disparatada? —pregunté al Lama.

—Sin duda alguna. En consecuencia, es conveniente que te acostumbres desde ahora a hacerlo. Los dedos y los pulgares resultan muy útiles para cierta clase de personas, pero se supone que tú eres de un nivel superior. ¿Para qué crees que te he traído a un lugar como éste?

—¡Bueno, señor, caímos en este maldito lugar por accidente! —le señalé.

—No es así, no es así —afirmó el Lama—. Es verdad que llegamos por accidente, pero éste era nuestro lugar de destino. Como sabes, el viejo ermitaño era el guardián del lugar. Lo fue alrededor de cincuenta años, y yo te traía aquí para ampliar tu educación. Pero creo que esa caída sobre las rocas produjo una conmoción en tu cerebro.

—Me pregunto cuánto tiempo tendrán esos huevos —prosiguió el Lama con aire meditabundo.

Apoyó su cuchillo y su tenedor, miró el recipiente donde se guardaban los huevos y observé que contaba ceros.

—Lobsang, estos huevos y este tocino tienen alrededor de tres millones de años. Y su gusto es tan fresco como si los huevos hubieran sido puestos ayer.

Comí el huevo y el resto del jamón. Me sentía desconcertado. Había visto que los alimentos se descomponían aunque se guardaran en el hielo, y ahora el Lama me decía que nuestra comida tenía alrededor de tres millones de años.

—Maestro, estoy totalmente desconcertado y, cuanto más me habla, tanto mayor es el número de preguntas que se agolpan en mi mente. Usted dice que estos huevos tienen alrededor de tres millones de años, y estoy de acuerdo con usted: parecen realmente recién puestos, sin muestras de deterioro. Pero, entonces, ¿cómo es posible que tengan tres millones de años?

—Lobsang —dijo el Lama— sería necesaria una explicación sumamente abstracta para satisfacer tu inquietud con respecto a algunos de estos temas. Pero examinemos las cosas de una manera que, aunque no sea estrictamente exacta, te dará cierta idea de lo que quiero decir. Supongamos que tienes una cantidad de ladrillos. Es posible ensamblar estos ladrillos, que llamaremos células, para formar diferentes objetos. Si estuvieras jugando como un niño podrías hacer con ellos casas de ladrillos, y luego voltear tu casa y construir algo del todo diferente. Bien: el tocino, los huevos o cualquier otra cosa están compuestos por pequeños ladrillos, pequeñas células que gozan de una vida interminable porque la materia no se puede destruir. De lo contrario todo el universo se detendría. La Naturaleza dispone que estos ladrillos especiales adquieran una forma que representa el tocino, y esos otros los huevos. Si comes el tocino y los huevos no estás derrochando nada, porque con el tiempo esas sustancias pasan a través de tu cuerpo, experimentando por el camino cambios químicos y, finalmente, se derraman sobre la tierra, donde alimentan las plantas que crecen. Tal vez más adelante lleguen un cerdo o una oveja que comerán las plantas y, a su vez, crecerán. Por consiguiente, todo depende de esos ladrillos, de esas células.

—Puedes lograr células ovaladas y diremos que ése es su tipo natural, lo cual permite que una persona adquiera una figura bien formada, esbelta y tal vez alta, porque las células ovales están todas orientadas en una sola dirección. Pero supongamos que se trata de un hombre a quien le gusta comer, que come mucho más de lo que necesita, porque sólo se debería comer hasta satisfacer el hambre inmediata. Este hombre come por el placer de comer, con lo cual sus células ovaladas se tornan redondas por el exceso de alimentos, asumiendo el carácter de una grasa. Desde luego, cuando es ovalada tiene una cierta longitud y cuando se torna redonda, sin aumentar su capacidad, esa longitud es ligeramente inferior. Por ese motivo, nuestro hombre gordo es de menor estatura que si fuera delgado.

Me senté sobre los talones, reflexionando sobre lo que acababa de explicarme el Lama, y luego le contesté:

—Pero ¿para qué sirven todas estas células, a menos que contengan algo que proporcione vida y lo torne a uno capaz de hacer algo que otra persona no puede hacer?

El Lama riendo replicó:

—Sólo te ofrecía una explicación muy tosca. Si obtienes un tipo de células y las tratas adecuadamente, podrías ser un genio, pero si dispones de la misma clase de células y las tratas mal, podrías convertirte en un loco. ¡Comienzo a preguntarme cuál de los dos eres!

Habíamos terminado nuestro desayuno, a pesar del mandamiento de no hablar mientras se come ya que se debe prestar atención a los alimentos, pues no hacerlo implica una falta de respeto. Pero yo suponía que el Lama conocía su papel y tal vez gozaba de un permiso especial para quebrantar algunas de nuestras leyes.

—Examinemos un poco el tema. Aquí hay toda clase

106

de objetos extraños para mirar, Lobsang. Nosotros deseamos observar el ascenso y la decadencia de las civilizaciones. Aquí puedes contemplar los acontecimientos en forma precisa, mientras ocurren. Pero no es bueno contemplar el globo todo el tiempo. Se necesitan cambios, recreación; la recreación significa volver a crear, significa que las células que te permiten ver se han cansado de recibir tantas escenas parecidas. Por eso deseas alejar tus ojos y mirar algo diferente. Necesitas un cambio que recibe el nombre de recreación. Entremos en este cuarto.

Me levanté de mala gana y lo seguí, arrastrando los pies, con exageradas señales de cansancio. Pero el Lama Mingyar Dondup conocía todas estas tretas, pues probablemente había hecho lo mismo con su Guía.

Cuando alcancé la puerta estuve a punto de darme vuelta y escapar. Había allí un gran número de personas, hombres y mujeres, algunos de ellos desnudos y vi a una mujer exactamente frente a mí, la primera mujer desnuda que veía en mi vida. Me dispuse a huir después de pedir disculpas a la dama por violar su intimidad. Pero el Lama Mingyar Dondup puso las manos sobre mis hombros y se largó a reír hasta tal punto que a duras penas podía hablar.

—¡Lobsang, Lobsang! La expresión de tu rostro vale todas las penurias que experimentamos en este viaje. Estas personas han sido preservadas: en una época vivían en diferentes planetas. Fueron traídas aquí, vivas, para actuar como muestras. ¡Están totalmente vivas, no te quepa la menor duda!

—Pero, Maestro, ¿cómo es posible que estén vivas después de un millón o dos millones de años? ¿Por qué no se han convertido en cenizas?

—Se trata nuevamente de una suspensión momentánea de las funciones vitales. Estos seres se encuentran en una especie de capullo invisible que impide que cualquiera de las células funcione. Pero tendrás que venir y examinar estas figuras, hombres y mujeres, porque estás destinado a ocuparte mucho de las mujeres. Estudiarás medicina en Chunking y más tarde habrá muchas de ellas entre tus pacientes. En consecuencia, es preferible que comiences a conocerlas ahora. Aquí, por ejemplo, se encuentra una mujer que estaba casi por dar a luz a un niño. Podríamos revivirla y hacer que el niño nazca, para contribuir a tu formación, pues lo que estamos haciendo reviste la mayor importancia y, si es necesario que sacrifiquemos una, dos o tres personas, vale la pena si de este modo se puede salvar al mundo con sus millones de seres.

Levanté de nuevo la vista y sentí que me sonrojaba fuertemente al mirar a las mujeres desnudas.

—Maestro, allí hay una mujer totalmente negra. Pero, ¿cómo es posible? ¿Puede una mujer ser enteramente negra?

—Debo confesarte que tu asombro me sorprende. Hay gente de muchos colores diferentes: blancas, bronceadas, morenas y negras, y en algunos mundos hay gente azul y verde, según el tipo de alimento que acostumbraban a ingerir sus padres y sus antepasados. Depende de una secreción del cuerpo que origina la coloración. Pero, ¡ven y examina a esta gente!

El Lama se dio vuelta y me dejó, ingresando en un cuarto interior. Quedé con esas personas que no estaban muertas pero tampoco vivas. Toqué en forma indecisa el brazo de la mujer mejor parecida y no era frío como el hielo, sino razonablemente cálido, muy similar a mi propia temperatura, ¡salvo que mi temperatura se había elevado considerablemente en esos últimos minutos!

Se me ocurrió una idea:

—Maestro, Maestro, tengo que hacerle una pregunta urgente.

—Ah, Lobsang, advierto que has elegido a la mujer más hermosa de todo el lote. Bien, permíteme admirar tu buen gusto. Nosotros deseábamos las mejores, porque algunas de las viejas brujas, dignas de un museo, causan asco. Por ese motivo las personas que planificaron esta colección escogieron las más bellas. Pero, ¿cuál es tu pregunta?

Se sentó en un banquillo y yo hice lo mismo. Le pregunté:

—¿De qué manera crece la gente? ¿Cómo hacen para parecerse a sus padres? ¿Por qué no se parecen a un caballo o a cualquier otra criatura?

—Las personas están compuestas por células. A una edad muy temprana las células que controlan el cuerpo reciben la marca del carácter y el aspecto general de los padres. En consecuencia, esas células poseen una memoria absoluta de aquello a lo cual deberían parecerse pero, a medida que uno envejece, cada célula olvida un poco cuál debería ser el modelo. Las células, por decirlo así, "vagabundean" alejándose de la primitiva memoria celular. Por ejemplo; tú puedes tener una mujer tal como la que estás observando y es posible que no haya sido... despertada, de modo tal que sus células siguen ciegamente el modelo de la célula anterior. Te digo todo esto de la manera más simple posible; aprenderás más al respecto en Chakpori y luego en Chungking. Toda célula del cuerpo posee una memoria precisa de aquello a lo cual debe parecerse cuando se encuentra en buen estado de salud. A medida que el cuerpo envejece, el recuerdo del modelo original se pierde o resulta imposible, por algún motivo, seguir el modelo exacto. En consecuencia, se produce una ligera divergencia con respecto a las células primitivas y entonces, una vez que se ha abandonado el modelo original, es cada vez más fácil olvidar a qué debería parecerse el cuerpo. Llamamos envejecimiento a este proceso, y cuando un cuerpo ya no puede seguir el modelo exacto marcado en las células decimos que las cosas se han deteriorado y el cuerpo está mentalmente enfermo. Después de algunos años el cambio se acentúa cada vez más y, finalmente, la persona muere.

—Pero ¿qué ocurre con las personas que padecen cáncer? ¿Por qué llegan a esa situación? —pregunté.

Mi Guía replicó:

—Te he mencionado las células que olvidan qué modelo deberían seguir. No recuerdan el que debería haber quedado impreso mientras se formaba el bebé, pero decimos que cuando una persona padece un cáncer de cierto tipo las células de la memoria se distorsionan y ordenan que se produzca un nuevo crecimiento, cuando éste no debería ocurrir. Como resultado, se origina en el cuerpo humano una gran masa que interfiere con otros órganos, tal vez desplazándolos y, en ciertos casos, destruyéndolos. Pero hay distintos tipos de cáncer. Otro es aquél en el cual las células que deberían regular el crecimiento olvidan que están obligadas a producir nuevas células de cierta clase y se produce una completa inversión. Ciertos órganos del cuerpo se desgastan. La célula está agotada, ha realizado su parte del trabajo, que consiste en mantener el cuerpo, y ahora necesita que la reemplacen para que el cuerpo pueda continuar existiendo. Pero la célula ha olvidado el modelo del crecimiento, si prefieres decirlo de esta manera, y al hacerlo fabrica suposiciones y construye nuevas células a un ritmo frenético, o bien forma otras que devoran células sanas y dejan una masa sangrante y putrefacta en el interior del cuerpo que pronto muere.

—Pero, señor —dije—, ¿cómo puede saber el cuerpo si va a ser varón o mujer antes de nacer? ¿Quién atiende la formación del bebé?

—Eso depende de los padres. Si se produce un comienzo del crecimiento de tipo alcalino se obtiene un sexo determinado; si el tipo de células es ácido se obtiene el sexo opuesto y, en ciertas ocasiones, nacen monstruos, en cuyo caso los padres no eran compatibles, y la mujer produce algo que no es varón ni mujer; puede ser ambos e incluso tener dos cabezas y tal vez tres brazos. Bien, sabemos que los budistas no deben quitar la vida, pero ¿qué hacer, cómo dejar que un monstruo sobreviva? Cuando se trata de uno que apenas tiene un cerebro rudimentario, si dejáramos que creciera y propagara su especie pronto habría cada vez más ejemplares, pues estimamos que las cosas malas se multiplican con mayor rapidez que las buenas.

—Cuando te encuentres en Chungking te acostumbrarás a todas estas alternativas. Ahora te brindo una explicación rudimentaria para que sepas algo de lo que se puede esperar. Luego te llevaré a otro cuarto y te mostraré monstruos que han nacido y también células normales y anormales. Entonces comprenderás qué cosa maravillo-

sa es un cuerpo humano. Pero, en primer término, examina a alguna de esas personas, en especial las mujeres. Aquí está el libro que muestra cómo es una mujer
por fuera y por dentro. Si la persona va a ser una mujer
atractiva, sus células de la memoria, es decir, las que
llevan las órdenes para reproducir exactamente las células corporales tales como eran antes, se encuentran bien
ordenadas. Luego debemos asegurarnos de que la madre
dispone de una cantidad suficiente de alimento correcto,
que no padece "shocks", etcétera. Y, desde luego, no
suele ser recomendable mantener relaciones cuando una
mujer ha llegado al octavo mes del embarazo, pues
puede trastornar todo su equilibrio.

—Ahora debo registrar por escrito lo que estamos haciendo aquí y cómo entramos. Además, debo hacer
conjeturas sobre la forma en que saldremos.

—Pero, Maestro —dije con cierta exasperación—,
¿para qué sirve escribirlo si nadie viene nunca aquí?

—Oh, la gente viene, Lobsang, viene, por cierto. Los
ignorantes dicen que sus naves son OVNIS. Vienen
aquí y durante su estada permanecen en cuartos por encima de éste. Vienen para recibir mensajes y relatar lo
que han descubierto. Esas personas son los Jardineros
de la Tierra, que poseen un vasto caudal de conocimientos, pero, a lo largo de los siglos, en cierto modo han
sufrido un deterioro. Al comienzo eran personas absolutamente parecidas a dioses, con un poder casi ilimitado,
capaces de hacer prácticamente lo que querían. Pero más
adelante el "Jardinero Jefe" envió a algunos de ellos a
la Tierra que había sido formada, ya he hablado sobre
este tema, y luego los Jardineros, viajando a una velocidad muchas veces superior a la de la luz, regresaron a
su base en otro Universo.

—Como ha ocurrido en la Tierra y en muchos otros
mundos, hubo una revolución. A algunos no les gustó
que estos sabios, los Jardineros de la Tierra, llevaran
mujeres con ellos, especialmente cuando ellas eran las
esposas de otros hombres. Inevitablemente se produjeron disputas, y los Jardineros se dividieron en dos
partidos, que yo llamaría el partido correcto y los margi-

nados. Estos últimos consideraron que, en vista de las grandes distancias que recorrían y de las duras tareas que realizaban, tenían derecho a la diversión sexual. Entonces, cuando no lograron que mujeres de su propia raza viajaran con ellos, se dirigieron a la Tierra y eligieron a las mujeres más grandes que pudieron encontrar. Las cosas no resultaron del todo agradables porque desde el punto de vista físico los hombres eran demasiado corpulentos para las mujeres. Así, el partido que había llegado a la Tierra se peleó y se escindió en dos bandos, uno de los cuales se fue a vivir al Este y el otro al Oeste. Empleando sus grandes conocimientos construyeron armas nucleares sobre la base de un explosivo basado en el principio del neutrón y el rayo láser. Luego, cada bando realizó incursiones en el territorio del otro, siempre con la intención de robar —tal vez el mejor término sería secuestrar— a las mujeres de sus oponentes.

—Las incursiones provocaron represalias y sus grandes naves recorrieron incesantemente el mundo de un lado a otro. Ocurrió una típica situación de la historia: presa de la desesperación el bando más pequeño, el que estaba en la posición correcta, dejó caer una bomba sobre el lugar en que vivía el bando cuya posición era errónea. En la actualidad se habla de esa zona como la "Tierra de la Biblia". Todo quedó destruido. El desierto de ahora fue en una época una mar centelleante, con muchos barcos que surcaban su superficie. Pero al caer la bomba la tierra ocupó su lugar y toda el agua se escurrió hacia el Mediterráneo y el Atlántico. Sólo se salvó el agua del Nilo. Podemos presenciar esos acontecimientos, Lobsang, porque disponemos de máquinas que recuperan escenas del pasado.

—¿Escenas del pasado, Maestro? ¿Ver lo que ocurrió hace un millón de años? No parece posible.

—Lobsang, todo es vibración o, si lo prefieres, si quieres que parezca más científico, diremos que todo tiene su propia frecuencia. Por consiguiente, si estamos en condiciones de encontrar la frecuencia —y podemos hacerlo— de estos acontecimientos, es posible capturarlos y lograr que nuestros instrumentos vibren con una frecuencia superior; de este modo captarán rápidamente impulsos emitidos hace un millón de años. Si a continuación reducimos la frecuencia de nuestras máquinas, y equiparamos nuestra frecuencia con las que emitieron originariamente los sabios de la antigüedad, lograremos ver exactamente lo que ocurrió. Es demasiado pronto para explicártelo todo, pero estamos viajando en la cuarta dimensión, de modo que podemos alcanzar un objeto de la tercera. Entonces nos resultará posible contemplar realmente todo lo que ocurrió, reiremos a carcajadas de algunas de las versiones que aparecen en los libros de historia y compararemos esas obras de ficción con lo que realmente aconteció. Los libros de historia representan un verdadero crimen, porque la historia distorsiona lo que ocurrió e induce a errores.

—Aquí están las máquinas Lobsang, en el otro cuarto, y podemos ver lo que la gente llamó el Diluvio Universal y lo que la gente llamó la Atlántida. Pero, tal como te lo señalé, la Atlántida es sólo un término que designa las tierras que se hundieron en ciertas zonas de Turquía y de Japón. Entra conmigo y te mostraré algo interesante.

El Lama se levantó. Hice lo mismo y lo seguí.

—Por supuesto, hemos grabado muchas de las escenas porque sintonizar realmente los acontecimientos requiere mucho trabajo. Pero actuamos con suma precisión y poseemos un registro exacto de lo que ocurrió.

—Ahora —jugueteó con algunos pequeños carretes que se encontraban en una hilera contra una pared—, ahora mira.

Puso el carrete en una máquina y de nuevo pareció volver a la vida el gran modelo de la Tierra, tal vez con un diámetro de unos ocho metros. Para mi sorpresa giró, se movió hacia un costado, se desplazó hacia atrás un poco más, y luego se detuvo.

Observé la escena y después ya no "observé" más. Estaba allí. Tenía la impresión de estar presente. Se trataba de una región hermosa: el césped era el más verde que yo hubiera visto y me encontraba al borde de una playa de arenas plateadas. Se veía a personas de vacaciones, algunas con trajes de baño muy decorativos y sugestivos, y algunas sin nada. Estas últimas tenían sin duda alguna un aspecto más decente que las que llevaban tan sólo un trozo de tela que no hacía más que incitar el interés sexual.

Miré el mar deslumbrante. Era de color azul, el azul del cielo, y el día se presentaba calmo. Pequeños barcos de vela emprendían competencias amistosas para saber cuál era el más rápido o cuál era el mejor timoneado. Y luego, de pronto, se produjo una explosión tremenda, y la tierra se inclinó, allí donde estábamos parados, y el mar se escurrió. Frente a nosotros, sólo quedó a la vista el fondo del mar.

A continuación nos afectó una sensación sumamente peculiar. Sentimos que nos elevábamos en el aire con rapidez, no sólo nosotros, sino también la Tierra. La pequeña hilera de colinas rocosas ascendió cada vez más y se convirtió en una cordillera de magníficas montañas que se extendían en todas direcciones hasta perderse de vista.

Me parecía estar parado sobre el borde mismo de un sector de tierra firme y, al mirar en forma cautelosa y con miedo hacia abajo, sentí dolores de estómago: la tierra había subido tanto que pensé que habíamos viajado hasta los Campos Celestiales. No se veía a nadie; yo estaba allí solo, atemorizado y totalmente descompuesto. El Tibet se había elevado cerca de nueve mil metros en alrededor de treinta segundos. Sentí que jadeaba. El aire estaba enrarecido y cada movimiento respiratorio me dejaba con la boca abierta por el esfuerzo.

Repentinamente, desde una hendidura en la cadena montañosa surgió una vena de agua sometida a gran presión. Se estabilizó un poco y luego se abrió camino hacia abajo desde esa elevada cordillera, atravesando la nueva Tierra que había constituido el fondo del mar. Y así nació el enorme Brahmaputra, que ahora desemboca en la bahía de Bengala. Pero no era un agua limpia y sana la que alcanzaba el mar, sino agua contaminada con cadáveres de seres humanos y de animales, árboles y otros objetos. Pero el agua no era lo esencial porque, ante mi asombro y mi horror, yo me elevaba, la tierra se elevaba también, la montaña ascendía cada vez más, y yo ascendía con ella. Pronto me encontré en un valle solitario rodeado por un anillo de altas montañas, a unos nueve mil metros en el aire.

Este globo, este simulacro del mundo, era algo absolutamente fantástico, porque yo no miraba los acontecimientos, realmente los vivía. Cuando miré por primera vez el globo pensé: "Se trata de algún espectáculo de poca monta, como el que brinda una linterna mágica que traen algunos de los misioneros". Pero cuando observé la escena me pareció caer de las nubes. Me fui hacia abajo y terminé por posarme tan levemente como una hoja que cae. Y fue de este modo como viví los acontecimientos reales que ocurrieron hace millones de años.

Estaba en presencia del producto de una poderosa civilización, mucho más avanzada que la de los actuales artesanos o científicos. Me es imposible recalcar demasiado que lo viví. Sentí que podía caminar. Por ejemplo, había una sombra oscura que me interesó en gran medida, y fui hacia ella: sentí que realmente caminaba. Y luego, quizás por primera vez, los ojos humanos contemplaron la pequeña montaña sobre la cual, después de centenares de siglos, se construyó la orgullosa Potala.

—No puedo comprender nada de todo esto, Maestro —le dije—. Se está poniendo a prueba mi capacidad mental.

—¡Tonterías, Lobsang, tonterías! Tú y yo hemos estado juntos en muchas existencias. Hemos sido amigos vida tras vida, y tú estás destinado a proseguir mi obra. Ya he vivido más de cuatrocientos años de esta vida y soy el único en todo el Tibet que comprende totalmente el funcionamiento de estos aparatos. Esa fue una de mis tareas. La otra —me miró de una manera extraña— consistió en prepararte, en trasmitirte mis conocimientos de modo que cuando yo muera, en un futuro cercano, con una daga atravesándome la espalda, puedas recordar este lugar, recordar cómo llegamos hasta aquí, cómo utilizar todos los dispositivos y revivir los acontecimientos del pasado. Podrás comprobar que el mundo ha seguido un camino equivocado, y creo que es demasiado tarde para remediarlo en este ciclo de la vida. Pero no te preocupes: la gente aprende por el camino difícil, porque siempre rechaza el más fácil. Todo este sufrimiento es innecesario, Lobsang. No hace falta toda esta lucha entre los africanos y el ejército británico. Combaten continuamente y parecen creer que la guerra representa el único método para solucionar los problemas. Pero la mejor forma de lograrlo es a través de la persuasión, no con estas matanzas, violaciones, asesinatos y torturas, que causan daños a la víctima, pero lastiman aún más a quienes los cometen pues todos sus actos terminan por afectar el Superyó. Tú y yo, Lobsang, tenemos antecedentes bastante limpios. Nuestro Superyó está sumamente complacido con nosotros.

—Usted dijo "Superyó", Maestro. ¿Significa eso que tenemos el mismo Superyó?

—Sí, así es, joven sabio, es justamente lo que quise decir. Significa que tú y yo marcharemos juntos, vida tras vida, no meramente en este mundo, en este Universo, sino en todas partes, en cualquier parte, en cualquier momento. Tú, mi pobre amigo, estás destinado en esta oportunidad a una vida muy difícil. Serás víctima de la calumnia y se lanzarán contra ti toda clase de ataques falaces. Sin embargo, si la gente te escuchara, el Tíbet podría salvarse. Pero no será así. En algunos años el Tíbet será conquistado por los chinos y quedará arruinado.

Se dio vuelta con rapidez, pero no antes de que yo advirtiera lágrimas en sus ojos. Me dirigí a la cocina y volví con un vaso de agua.

—Maestro —le dije— deseo que me explique de qué manera esos elementos no se echan a perder.

—Bien, mira el agua que bebes en este momento. ¿Qué edad tiene el agua? Puede ser tan vieja como el mundo. No se echa a perder, ¿no es cierto? Las cosas sólo se echan a perder cuando se las trata en forma incorrecta. Por ejemplo, supón que te cortas un dedo y comienza a cicatrizar. Luego lo cortas de nuevo y comienza a cicatrizar. Lo cortas otra vez y una vez más comienza a cicatrizar, pero no necesariamente de la misma manera que antes. Las células de regeneración han quedado confundidas, pues comenzaron a crecer de acuerdo con su modelo intrínseco, y se las cortó nuevamente. Comienzan a crecer otra vez de acuerdo con su modelo intrínseco, y así sucesivamente. Con el tiempo, las células olvidan el modelo que deberían seguir y en su lugar crecen formando una enorme masa; es el cáncer. El cáncer es el crecimiento incontrolado de células en los sitios donde no deberían hacerlo. Si cada uno de nosotros recibiera una enseñanza apropiada y ejerciera un pleno control sobre su cuerpo, no se produciría ningún cáncer. Si se advirtiera que las células están creciendo mal, el cuerpo podría detener a tiempo el proceso. Hemos predicado sermones sobre este tema en diferentes países y la gente se ha reído a carcajadas ante esos nativos de un país desconocido, que se atrevían a enseñarles algo. Nos llamaron "palurdos", sí, palurdos, los seres más despreciables que existen. Podemos ser palurdos, pero con el tiempo esa palabra será un honor, una prueba de respeto. Si la gente nos escuchara, curaríamos el cáncer y la tuberculosis. Tú padeciste una tuberculosis, Lobsang, recuérdalo, y yo te curé con tu cooperación, pues si no hubiera contado con ella no podría haberlo hecho.

Permanecimos silenciosos, en un estado de comunión espiritual. La nuestra era una asociación puramente de ese tipo, sin ninguna connotación carnal. Desde luego, algunos lamas utilizaban sus *chelas* con fines inconfesables. Esos lamas no deberían haber sido lamas sino labradores o cualquier otra cosa, pues necesitaban mujeres. Nosotros no las necesitábamos, como tampoco una asociación homosexual. La nuestra era una relación puramente espiritual, como la mezcla de dos almas que lo hacen para abrazarse en el espíritu y luego se apartan sintiéndose refrescadas y en posesión de nuevos conocimientos.

Actualmente impera la creencia de que el sexo es

lo único importante. Se trata del sexo egoísta, no para
perpetuar la especie, sino simplemente para lograr sensaciones placenteras. El verdadero sexo es el que tenemos
cuando dejamos este mundo: la comunión de dos almas.
Cuando regresemos al Superyó experimentaremos la mayor emoción, el máximo regocijo. Entonces comprenderemos que las penurias que soportamos en esta Tierra
maldita sólo tenían como fin eliminar nuestras impurezas, expulsar nuestros pensamientos erróneos.

En mi opinión, el mundo es demasiado difícil, y
los seres humanos han degenerado hasta tal punto que no
pueden soportar las penurias ni aprovechar las enseñanzas que deparan. En cambio, se tornan cada vez peores,
más perversos y desahogan su resentimiento en pequeños
animales. Es una gran lástima, porque se sabe que los gatos, por ejemplo, son los ojos de los dioses. Los gatos
pueden ir por todas partes, y nadie presta atención cuando un gato está sentado, con las patas delanteras dobla-
das, la cola arrollada prolijamente alrededor del cuerpo
y los ojos semicerrados; la gente cree que está descansan-
do. Pero no es exacto: el gato trabaja trasmitiendo todo
lo que ocurre. Tu cerebro no puede ver nada sin tus
ojos. Tu cerebro no puede emitir un sonido sin tu voz,
y los gatos son otra extensión de los sentidos que dejaron los Jardineros de la Tierra para saber qué ocurría
aquí. Con el tiempo lo agradeceremos, con el tiempo
comprenderemos que los gatos nos han salvado de muchos errores fatales. Es una lástima que no los tratemos
con mayor dulzura, ¿no es cierto?

CAPITULO VII

—¡Lobsang! ¡LOBSANG! Ven, pues debemos realizar cierto trabajo.

Me levanté con tal prisa que di un puntapié a mis zapatos, mejor dicho, mis sandalias: en el Tíbet no hay zapatos. Todos emplean sandalias o bien, si deben montar a caballo durante mucho tiempo, botas que llegan hasta las rodillas. De todos modos, mis sandalias volaron por el piso, y yo me deslicé en sentido contrario. Llegué hasta donde estaba el Lama, quien me dijo:

—Ahora tendremos que hacer un poco de historia, de historia verdadera; no la basura que relatan los libros, donde se debe alterar la realidad para que no se enfade ningún hombre que ocupa una posición poderosa.

Me condujo hacia el interior de lo que habíamos terminado por llamar la "Sala del Mundo" y nos sentamos en el rincón donde se encontraba la "consola" que era realmente algo maravilloso: este simulacro del mundo parecía más grande que el salón que lo contenía, lo cual parecería imposible. Pero el Lama adivinó mis pensamientos y me señaló:

—Desde luego, cuando llegamos aquí nos encontramos bajo la influencia de la cuarta dimensión, en la cual se puede disponer de un modelo mayor que el cuarto que lo contiene, que es de tres dimensiones. Pero no nos preocupemos por esa circunstancia. Lo que estamos contemplando son los acontecimientos reales del mundo en los tiempos pasados, algo así como un eco. Si emites un fuerte ruido en una zona con eco, volverá hacia ti.

Bueno, eso te proporcionará una idea muy sucinta de lo ocurrido. No es estrictamente exacta, por supuesto, porque estoy tratando de explicarte en el plano tridimensional lo que ocurre en la cuarta y en la quinta dimensión. Por consiguiente, tendrás que confiar en tus sentidos con respecto a lo que ves, y lo que presencias resultará totalmente correcto.

Se dio vuelta de nuevo y afirmó:

—Hemos visto la formación del mundo y las primeras criaturas, los homínidos, que fueron traídos a la Tierra. Iniciemos ahora la etapa siguiente.

La sala se oscureció, y sentí que me caí . En forma instintiva tomé el brazo del Lama, y éste me puso el de él sobre los hombros:

—Todo va bien, Lobsang. No estás cayendo. Ocurre simplemente que tu cerebro se está modificando para adaptarse a las cuatro dimensiones.

La sensación de caída se detuvo y me encontré en un mundo aterrador en el cual se veían grandes animales, de una fealdad superior a todo lo que había conocido hasta entonces. Circulaban grandes bestias aleteando por el aire entre ruidos espantosos que parecían producidos por un viejo cuero no aceitado. Las alas apenas podían soportar el cuerpo de la bestia. Todos estos animales volaban a su alrededor y, ocasionalmente, se posaban sobre el suelo para recoger un trozo de alimento que había dejado caer algún otro animal. Pero, una vez posados, allí se quedaban, pues sus alas resultaban insuficientes para permitirles lanzarse de nuevo al aire, además, no disponían de piernas para ayudarse en la marcha.

En el pantano, a mi izquierda, se escuchaban ruidos indescriptibles que me atemorizaban. Me sentí mal a causa del temor que experimentaba. Muy cerca de mí, emergió del lodo del pantano una cabeza en el extremo de un largo cuello de unos seis metros. Se produjeron muchas luchas bajo el agua antes de que el animal se arrastrara a tierra. El cuerpo era redondo y poseía una cola afilada, estableciendo un cierto equilibrio con la forma del cuello y la cabeza. Mientras lo observaba,

120

temeroso de que él, a su vez, me mirara a mí, escuché un horrible estrépito y crujidos, como si algún gran objeto estuviera abriéndose paso a través de la selva, partiendo árboles en la misma forma en que nosotros podríamos quebrar una brizna. Cuando apareció, pude contemplar la bestia de mayor tamaño que había visto en mi vida.

El Lama dijo:

—Avancemos un siglo o dos y presenciemos el momento en que aparecieron los primeros seres humanos.

Me pareció estar dormitando, pues, cuando miré de nuevo el globo, me encontraba sobre él, estaba **en el globo**, formaba parte de él. En ese instante observé algunas criaturas de aspecto horrible que marchaban. Eran seis, tenían la frente aplastada, carecían prácticamente de cuello, y cada una de ellas llevaba una rama de árbol ·como arma que se afinaba para permitir que la mano la asiera en un extremo. En el otro había un buen nudo, lo cual la hacía más fuerte.

Estas criaturas avanzaban en fila. Una de ellas, una mujer, amamantaba a un bebé. No hacían el menor ruido, aunque recorrían un terreno pantanoso: no se advertía ningún chapoteo y reinaba un completo silencio. Los contemple mientras desaparecían y quedé adormilado una vez más.

Cuando desperté vi una maravillosa ciudad construida con piedras brillantes de diferentes colores. Algunos viaductos cruzaban las calles, y algunos pájaros mecánicos las sobrevolaban trasportando gente. Esos artefactos podían detenerse en el aire mientras la gente subía o bajaba.

De repente todos comenzaron a observar el horizonte distante, sobre la cordillera montañosa. Se escuchaba un gran zumbido y pronto llegó una bandada de estos pájaros mecánicos, que rodeó la ciudad. La gente huía despavorida en todas direcciones. Algunos se arrodillaban y rezaban, pero observé que los sacerdotes no se detenían para rezar sino que concentraban todas sus energías en la huida. Después de algunos minutos de circunvoluciones, en la parte inferior de estos pájaros mecánicos se abrieron puertas, y comenzaron a caer cajas metálicas. Luego las puertas se cerraron y los pájaros mecánicos se alejaron a gran velocidad. La ciudad se elevó en el aire y cayó convertida en polvo. Poco después se oyó la explosión, porque la vista es mucho más veloz que el oído. Percibimos los aullidos de la gente atrapada entre las vigas o enterrada entre los escombros.

Quedé de nuevo dormido; sólo puedo considerarlo de ese modo, porque no advertí ninguna discontinuidad entre lo que había visto y lo que observaba ahora. Estábamos en una época posterior y pude presenciar la construcción de una gran ciudad de incomparable belleza. Era una obra verdaderamente artística. Las agujas de los edificios se internaban en el cielo y había delicadas tracerías metálicas que unían un edificio con otro. Se observaba a la gente realizando sus tareas de todos los días, comprando, vendiendo, parada en las esquinas y discutiendo. Pero se oyó de nuevo un rugido aterrador y una inmensa bandada de pájaros mecánicos pasó sobre nuestras cabezas en formación. Todos rieron, aplaudieron y los saludaron. Los pájaros mecánicos prosiguieron su marcha sin ser molestados, cruzaron la cordillera de montañas, y entonces escuchamos terribles explosiones y comprendimos que "nuestro bando" estaba tomando represalias contra el enemigo por la destrucción que éste había causado. Luego llegaron otros pájaros mecánicos, pero en este caso no eran los nuestros; tenían formas distintas y ostentaban otros colores. Se cernieron sobre nuestra ciudad y dejaron caer nuevamente sus bombas, barriéndola en una tormenta de fuego. Estallaron incendios que hicieron estragos y todo se derrumbó. Las delicadas tracerías de los puentes se tornaron rojas y luego blancas, se fundieron y el metal líquido cayó como si se tratara de una lluvia. Pronto me encontré en un avión, lo único que quedaba allí. Ya no había árboles y los lagos artificiales habían desaparecido, convertidos en vapor. Quedé mirando a mi alrededor, preguntándome qué sentido tenía lo que había ocurrido: ¿por qué esos Jardineros de la Tierra luchaban contra otros Jardineros? No lograba explicármelo.

Luego el Mundo mismo se sacudió y oscureció. Me encontré sentado en una silla al lado del Lama Mingyar Dondup. Nunca había visto una cosa tan triste.

—Lobsang, en este mundo ha ocurrido lo mismo durante millones de años. Aparecieron pueblos de un gran nivel de cultura, pero por algún motivo guerrearon con otros y se bombardearon recíprocamente hasta que sólo quedaron unos pocos seres humanos. Estos seres se escondieron en cavernas y algunos años después se deslizaron de nuevo hacia afuera, para iniciar otra civilización, que, a su vez, terminó por ser destruida, y todos sus restos quedaron cubiertos por los campesinos que araban el suelo y trataban de realizar cultivos sobre la tierra destrozada por las batallas.

El Lama parecía sumamente entristecido y se sentó con la barbilla entre las manos. Luego me dijo:

—Podría mostrarte toda la historia del mundo pero nos exigiría la totalidad de nuestra vida. Por consiguiente, sólo te enseñaré algunas escenas y haré algunos comentarios sobre el resto. Es muy triste decirlo, pero se ha ensayado a diversos tipos de seres como pobladores de este mundo. Hubo una raza totalmente negra que llegó después de un período de turbulencia en el cual dos razas blancas habían combatido para establecer cuál era la más poderosa, recurriendo a la guerra, desde luego. Siempre la guerra, siempre los pensamientos dañinos de la gente. Si los hombres creyeran simplemente en un dios no se produciría ninguno de estos trastornos. Esta raza totalmente negra terminó por alcanzar un nivel muy elevado de civilización, muy superior al de la actual. Pero dos sectores se enfrentaron y cada uno intentó frenéticamente encontrar un arma más poderosa que la de sus oponentes. Finalmente lo lograron y, cuando se dio la señal para proyectarlos, esos cohetes causaron un tremendo trastorno. La mayor parte de la gente desaparecía con la misma facilidad con que se aniquila una colonia de feroces hormigas.

—Siempre quedan algunos sobrevivientes, y por ese

motivo ahora tenemos una raza blanca, otra negra y otra amarilla. En una época existió también una raza verde. En aquellos tiempos la gente vivía centenares de años, porque sus "células de la memoria" lograban reproducir con toda exactitud las células que morían. Sólo desde el momento en que las células perdieron su capacidad para reproducirse con exactitud nuestras vidas resultan tan cortas. En una de las guerras se produjeron tremendas explosiones, la mayor parte de la envoltura de nubes de la Tierra fue arrastrada hacia el espacio y llegó la luz solar con todos sus rayos letales. En lugar de vivir setecientos u ochocientos años, la gente vio reducida la duración de su vida a apenas setenta años.

—El Sol no es el proveedor amable y benevolente de luz solar. Emite rayos que causan daños a la gente. Puedes comprobar por ti mismo que en las personas expuestas en exceso a la luz solar la piel se torna oscura. Ahora bien, si la luz solar fuera beneficiosa, la naturaleza no necesitaría establecer una protección contra ella. En realidad, los rayos ultravioletas y otros rayos afectaron a los seres humanos y los hicieron todavía peores, de tal modo que los dos bandos de Jardineros de la Tierra se tornaron aún más belicosos. Uno de los bandos era indulgente y deseaba que la raza humana prosperara e hiciera mucho bien; en cambio, la gente expuesta a una excesiva luz solar solía contraer la tuberculosis o el cáncer. Todas las superficies del mundo, o más bien todas las superficies de la gente del mundo, estaban propensas a enfermedades de la piel de diversos tipos que presentaban un carácter tenaz: no había cura para ellas. Después de todo, esos rayos pueden atravesar piedras muy gruesas, y era inútil que los habitantes del mundo se guarecieran en sus casas, porque aun así los rayos podían alcanzarlos.

—Existe una antigua leyenda que cuenta que en esa época había gigantes. Sí, es verdad. Los gigantes constituían uno de los bandos de los Jardineros de la Tierra. Su estatura superaba en dos o tres veces la de los seres humanos comunes, eran lentos en sus movimientos, en cierto modo aletargados, y no les gustaba trabajar.

Esos gigantes intentaron regresar a sus bases, pero al hacerlo comprobaron la existencia de ciertos problemas. Un bando de Jardineros era bueno y lo encabezaba un buen líder, pero el otro era de carácter dañino y realizó toda clase de maldades, sin prestar oídos a los llamados de quienes deseaban un mundo pacífico con una vida más sana.

—Los buenos Jardineros advirtieron que era inútil permanecer en su propia base, por lo cual reaprovisionaron sus naves, cargaron nuevas varillas de combustible y partieron otra vez hacia la Tierra.

—Sus naves podían viajar a una velocidad superior a la de la luz, con tanta rapidez que ningún ser humano estaría en condiciones de controlarlos. Durante sus viajes se orientaban mediante una computadora y disponían de una coraza especial para mantener alejados los meteoritos u otros objetos pues, en caso contrario, sus naves habrían sido perforadas por los meteoritos y el polvo cósmico, causando la pérdida del aire y la muerte de todos los que se encontraban a bordo.

—Por último, regresaron a la Tierra y encontraron otra guerra en curso. El bando equivocado —el sector perverso de los Jardineros de la Tierra— se había mezclado de una manera excesiva con los pobladores de la Tierra, enseñándoles muchos de sus secretos. Desde esa época el mundo ha empeorado cada vez más, y tendrá que desencadenarse una nueva guerra mundial durante la cual perecerá mucha gente. Muchos se ocultarán en cavernas o en las hendiduras de las altas montañas. Sus Sabios les anticiparon todo lo que iba a ocurrir, por lo cual llegaron a la conclusión de que no valía la pena vivir una vida placentera cuando dentro de pocos años tal vez la Tierra misma quedaría destruida. Y ahora nos estamos acercando peligrosamente a ese momento.

Escuché todo lo que me explicaba y luego le recordé:

—El futurólogo jefe me dijo que voy a tener una vida espantosa, una vida realmente difícil. Ahora bien: ¿de qué manera esa circunstancia podrá ayudar al mundo?

El Lama me contestó:

—Sí, todo lo que dijo el astrólogo jefe tendrá que ocurrir; es verdad que pasarás momentos sumamente difíciles en que todas las manos se alzarán contra tí. Pero recuerda siempre que lograrás el éxito en lo que estás realizando y cuando dejes este mundo no quedarás a la deriva en el plano astral, sino que te dirigirás hacia un nivel muy superior. No volverás a la Tierra desde luego. No estoy seguro de que haya llegado el momento de explicarte todo lo que va a ocurrir aquí pero, a pesar de todo, observemos algunos acontecimientos del pasado. Sin embargo, creo que deberíamos comer primero, porque estas representaciones tridimensionales cansan, y uno se olvida del tiempo.

Nos mantuvimos fieles a nuestro alimento, el "tsampa", y bebimos agua fría. Pero en esa ocasión el Lama dijo:

—Tendrás que acostumbrarte a diferentes alimentos, pues en otras partes del mundo existen algunos precocidos, encerrados herméticamente en latas. Hasta tanto éstas se mantengan intactas los alimentos son comestibles, por más tiempo que se conserven antes de comerlos. Por supuesto, las latas deben mantenerse a una temperatura fría que impida la descomposición. Ahora en Occidente utilizan lo que llaman cajas de hielo, grandes cajas con hielo que rodea las latas de alimentos; después de algunos días deben abrirse las cajas para ver qué cantidad de hielo se ha derretido. Si la fusión ha sido grande, debe cargarse la caja con hielo fresco. Sin embargo, siempre se puede saber cuándo los alimentos se han descompuesto, porque las latas se hinchan, lo cual revela que el gas de la descomposición ejerce presión desde el interior. En ese caso se las debe arrojar, pues se corre el riesgo de que nos envenenen.

—Ahora limpiemos nuestros cuencos y miremos una vez más este mundo del cual formamos parte.

El Lama se levantó y frotó los cuencos, eliminando los restos del "tsampa". Luego se dirigió hacia un pequeño montón de arena, tomó un puñado y limpió con ella su cuenco, lo imité, pensando que resultaba terrible tener que limpiar los platos cada vez que se ensuciaban.

Me pregunté por qué nadie había inventado algo para contener los alimentos que pudiera descartarse después de haberlos comido. Pensé en todos los monjes y en todos los lamas, atareados con su puñado de arena fina. Sin embargo, ese procedimiento resulta mucho más higiénico que el de lavar un cuenco de madera, pues es evidente que la humedad se filtrará entre sus hendiduras. Supongamos que nuestro cuenco contuvo alguna fruta jugosa, la comemos y queda un poco de jugo; si lavamos el cuenco, saturamos la madera de humedad y los jugos penetran en su interior. No, es evidente que, hasta que se disponga de un sistema mejor, la arena fina es muy superior al agua.

—¿Desde cuándo piensa usted que este mundo existe, señor?

El Lama sonrió:

—Bueno, ya has observado una parte, y creo que deberíamos ver algo más del mundo en el pasado, el presente y el futuro, ¿no te parece?

Caminamos lentamente hacia el gran salón donde se encontraba el simulacro del mundo, esperando que alguien lo utilizara.

—Lobsang, tú sabes que todos tendemos a creer que este mundo existe desde siempre. Sin embargo, en realidad el Universo está siendo destruido en este mismo momento. Se ha comprobado de una manera categórica que todos los mundos se alejan unos de otros. Ahora bien: la mejor forma de explicarlo consiste en señalarte otra vez que el tiempo en este mundo es artificial. El verdadero tiempo es el tiempo espacial. ¿Recuerdas esas espoletas que te mostré, que podían arrojarse contra una superficie dura, y cuyo extremo estallaba en llamas? Bien, si fueras un dios en el espacio, el nacimiento, la vida y la muerte de este mundo o de cualquier otro se parecería a la colisión de esa espoleta. En primer término, la fricción de su punta sobre algo duro engendra calor. La punta estalla en llamas, y luego la llama muere. Queda la cabeza de la espoleta al rojo vivo, pero se enfría con rapidez, trasformándose en una masa negra quemada. Ese fue el proceso de la Tierra, al igual que el de los otros planetas. A nosotros, que vivimos aquí, nos parece que existirá siempre pero, suponiendo que pudiera colocarse a una persona minúscula en la cabeza de la espoleta a medida que se enfría, también creería vivir en un mundo eterno. ¿Percibes a qué me propongo llegar?

—Sí, señor, lo comprendo. Un Lama que había asistido a una escuela importante en Alemania me dijo que el símil de una espoleta es apropiado. Utilizó prácticamente las mismas palabras que usted, pero agregó que después de varios millones de años la cabeza de la espoleta, es decir, el mundo, alcanzaría alrededor de once millones de grados centígrados, porque se necesita cierta temperatura antes que el hidrógeno de la atmósfera pueda convertirse en carbono, oxígeno y varios otros elementos, todos ellos indispensables para la formación de un mundo. Además, ese Lama me dijo que antes del fin del Universo el globo del mundo se inflará.

—Es absolutamente exacto. Debes recordar que en Occidente no saben nada de estas cosas, porque no disponen de algo parecido a lo que nosotros tenemos aquí: los instrumentos que construyeron los supercientíficos hace tal vez mil millones de años para que duraran todo ese tiempo o más. Estas máquinas han permanecido aquí durante centenares y millares de siglos hasta que llegó alguien que sabía cómo emplearlas. Yo sé operarlas, Lobsang, y te enseñaré su funcionamiento. Como tendrás una vida difícil es necesario que sepas cómo es realmente el mundo. Con esos conocimientos regresarás a Patra y te resultará más fácil ayudar a otros mundos.

—Señor, usted ha mencionado la palabra "Patra", pero no conozco ningún mundo con ese nombre —le dije.

—Ya lo sé, pero pronto lo conocerás. Te mostraré a Patra, pero nos quedan aún muchas cosas por ver, y he comprobado que resulta inútil disponer de un instrumento que produce resultados predecibles si el operador no sabe cómo hacer funcionar la máquina y cómo llegar al resultado final. En ese caso, sería realmente un operador muy mediocre. No debería utilizarse ningún instrumento a menos que el operador que le haya sido destinado pueda efectuar las maniobras para las cuales fue proyectado.

Llegamos al cuarto, que debería ser llamado salón a causa de su tamaño, y entramos. Inmediatamente se percibió un débil resplandor y observamos que la alborada comenzaba a convertirse en luz del día. Era una alborada de tipo diferente de la que vemos ahora, porque en la actualidad los magníficos colores que observamos durante l salida y la puesta del sol reflejan únicamente la contaminación de la atmósfera. En aquella época la "contaminación" constituía en realidad el alimento de la Tierra, proveniente de los volcanes, que suministraron a los mares su contenido de sal. Sin sal no podría haber vida.

Nos sentamos cerca de la consola, y el Lama Mingyar Dondup dijo:

—Miremos algunos puntos al azar. Disponemos de todo el tiempo necesario, y probablemente muchos se sentirían felices de apartarnos de su camino, especialmente esos seres malditos que se dedican a dejar caer cosas sobre la desnuda cabeza de la gente. En los tiempos primitivos las primeras formas de vida animal eran criaturas extrañas. Por ejemplo, el braquiosaurio fue probablemente la bestia más curiosa que se haya visto sobre esta tierra. El ultrasaurio era otro animal sumamente peculiar que tenía una presión sanguínea muy alta, pues su cabeza podía elevarse en el aire a más de doce metros y disponía de dos cerebros: el que se encontraba en la cabeza movía las mandíbulas y las patas delanteras, y el que se encontraba en la parte trasera, inmediatamente por detrás de la pelvis, se encargaba de accionar la cola y las patas traseras Recuerdo siempre una pregunta que me hicieron: "¿Qué ocurre si un ciempiés pierde el paso?" Bueno, se trata de una cuestión que no logré contestar en forma precisa. Sólo pude decir que tal vez esa criatura disponía de algún otro ser especial que lo vigilaba para que no se le trabaran las patas.

—Bien, Lobsang, ¿qué miraremos? Tenemos mucho tiempo y, en consecuencia, dime qué prefieres ver.

Durante un cierto tiempo no reaccioné y luego repuse:

—Ese lama japonés que fue nuestro huésped nos dijo muchas cosas curiosas. Aún no sé si creerle o no. Afirmó que una época el mundo había estado a gran temperatura y luego, de pronto, se enfrió mucho y la superficie se cubrió de hielo. ¿Podemos verlo?

—Sí, desde luego. No existe ninguna dificultad. Pero ese fenómeno ocurrió varias veces. El mundo tiene miles de millones de años y cada tantos millones se produce una glaciación. Por ejemplo, actualmente en el Polo Norte el hielo se hunde en el agua hasta ciento ochenta metros, si todo el hielo se fundiera y también lo hicieran los témpanos, en la tierra todos se ahogarían, porque las tierras quedarían totalmente inundadas... Bueno, salvo nosotros, en el Tíbet, pues estamos a demasiada altura para que el agua nos alcance.

El Lama miró una columna de números sobre la consola y luego pulsó los controles. La luz del gran salón palideció. Durante algunos segundos nos encontramos en la oscuridad; luego se produjo un resplandor rojizo, sumamente peculiar. Desde el Polo Norte y el Polo Sur llegaron abigarrados haces de luz.

—Esa es la aurora boreal, o aura del mundo. Podemos verla porque, si bien parecemos estar sobre la Tierra, estamos alejados de esa manifestación.

La luz alcanzó mayor brillo, y llegó a ser deslumbrante, hasta tal, punto que debíamos mirarla con los ojos entrecerrados.

—¿Dónde está el Tíbet? —pregunté.

—Estamos sobre él, Lobsang, estamos sobre él. Todo lo que ves ahí abajo es hielo.

Yo miraba ese hielo preguntándome de qué se trataba, porque se veía hielo verde, hielo azul y también hielo absolutamente trasparente, tan trasparente como el agua más limpia. No podía soportarlo y exclamé:

—Ya he visto bastante: es una visión deprimente.

El Lama rió y accionó de nuevo los mandos sobre la consola. El mundo giró y osciló a causa de la velocidad. El movimiento de rotación se hizo tan rápido que todo adquirió un color totalmente gris: no había oscuridad ni luz, sólo ese color gris. Después el mundo comenzó a girar con menor lentitud, y contemplamos una gran ciudad, una ciudad fantástica, construida poco antes de la llegada de los sumerios, por una raza de cuya existencia no quedan restos escritos. Nada se dice en la historia acerca de ella y, en realidad, apenas se menciona a los sumerios, que llegaron como conquistadores y emprendieron saqueos, violaciones y raptos. No dejaron piedra sobre piedra y se alejaron, según los libros de historia, sin dejar rastros. No, no los dejaron, desde luego, porque partieron de la Tierra en grandes naves espaciales. No logré comprender el motivo por el cual ese pueblo actuó de una manera tan salvaje. En efecto, llegó y destruyó una ciudad, aparentemente por el simple placer de hacerlo. Desde luego, tomaron a muchas mujeres como prisioneras, y tal vez esa haya sido una de las razones.

Consideré que estaba mirando algo que podría cambiar el curso de la historia de la Humanidad.

—Maestro —le dije— he observado todas estas maravillosas invenciones pero, al parecer, muy pocas personas saben algo al respecto. Sin duda alguna, si todo el mundo las conociera podríamos llegar a una época de paz, pues ¿para qué combatir si se podría saberlo todo mediante estos instrumentos?

—No, Lobsang, no es así, no es así. Si existiera la menor posibilidad de que la gente se apoderara de estas máquinas, aparecerían aviesos financistas que se precipitarían con sus guardias armados, capturarían todo y matarían a quienes las conocemos. Luego utilizarían los instrumentos para controlar el mundo. Piensa en esto: un ser perverso sería el rey del mundo y todos los demás se convertirían en sus esclavos.

—Señor, no puedo comprender la actitud del pueblo, porque sabemos que los chinos invadirán el Tíbet, y sabemos también que se llevarán todos nuestros valiosos libros para estudiarlos. ¿De qué manera se puede impedir que conquisten el mundo?

—Lobsang, mi querido amigo: debes ser muy simple, un débil mental o algo por el estilo. ¿Crees acaso que permitiremos que cualquier conquistador se apodere de esas cosas? Para empezar, disponemos de duplicados de estos instrumentos en las regiones del Artico, donde los hombres a duras penas pueden moverse a causa del frío. Pero en el interior de las montañas existe un ambiente cálido, pacífico y confortable, y desde allí podríamos establecer una vigilancia sobre el mundo; nos sería posible observar lo que está ocurriendo y, si fuera necesario, adoptar algunas medidas. Pero todo este material —señaló a su alrededor— quedará destruido, lo haremos volar, e inclusive colocaremos trampas explosivas. Los británicos y los rusos serán los primeros en tratar de capturar el Tíbet, pero fracasarán. Causarán una terrible cantidad de muertes, pero no lograrán conquistarnos. Sin embargo, de esa manera los chinos sabrán qué deben hacer para tener éxito. Vendrán y conquistarán el Tíbet, una parte, desde luego. Pero no lograrán apoderarse de ninguna de estas máquinas, ninguno de los Libros Sagrados o de los libros médicos, porque hemos previsto esta situación desde hace años, en realidad desde hace siglos, preparando libros falsos que colocaremos en lugar de los verdaderos no bien los chinos inicien la invasión. Como sabes, la Profecía dice que el Tíbet sobrevivirá hasta que entren ruedas en nuestro país. Por consiguiente, no abrigamos temor: todos nuestros tesoros, todas nuestras grandes ciencias acumuladas desde hace algunos millones de años, están ocultas y a buen resguardo. Conozco el lugar: estuve allí. Y también tú lo conocerás porque te lo mostraremos. Yo seré asesinado durante el curso de tu vida, antes de que abandones el Tíbet, y tú serás uno de los pocos hombres capaces de operar esas máquinas y de saber cómo repararlas.

—¡Válgame Dios! Aprender a reparar esas máquinas exigiría varias vidas.

—No, lo que tú aprenderás es que se reparan a sí mismas. Debes realizar tan sólo algunas manipulaciones y la máquina, u otras máquinas, repararán la que presenta fallas. Ellas no sobrevivirán mucho más porque, a partir de 1985, las circunstancias se modificarán y habrá una tercera guerra mundial que durará un cierto tiempo.

Después del 2000 se producirán muchos cambios, algunos favorables y otros desfavorables que podemos prever mediante el Registro Akáshico de las Probabilidades. Ahora bien, el hombre no se encuentra situado sobre rieles, ni es incapaz de desviarse de una trayectoria prefijada. Puede elegir libremente, entre ciertos límites establecidos por el tipo astrológico de la persona. Pero en lo que se refiere a un país, podemos determinar de una manera muy precisa lo que ocurrirá, y eso es lo que haremos pronto, porque quiero mostrarte algunas de las maravillas del mundo. Nos dedicaremos a sintonizar diferentes situaciones y distintas épocas.

—Pero, señor, ¿cómo es posible sintonizar sonidos que fueron emitidos hace mucho tiempo, sonidos, escenas y todo lo demás? Cuando algo ocurre, termina para siempre.

—No es así, Lobsang, no es así. La materia es indestructible y los restos de lo que decimos o hacemos recorren en círculo el Universo, una y otra vez. Mediante esta gran máquina podemos retroceder en el tiempo hasta alrededor de dos mil millones de años. Antes de ese período la escena resulta un poco borrosa, pero aún sigue siendo bastante brillante como para que podamos averiguar lo que ocurrió.

—Maestro, no puedo comprender de qué manera se logra extraer escenas y sonidos de la nada.

—Lobsang, dentro de pocos años existirá la comunicación inalámbrica. La están creando y gracias a ella será posible sintonizar las emisiones. Si el receptor es de buena calidad, podrá captar cualquier trasmisor del mundo. Más adelante se dispondrá de esas cajas de radio que pueden captar las escenas. Todo eso ya se hizo antes pero, a medida que las civilizaciones se suceden, se reinventan las mismas cosas. En ocasiones aparece una versión mejorada, pero en este caso la comunicación inalámbrica producirá muchos trastornos, pues la información necesaria debe ser traída desde el mundo astral por científicos que creen que la han inventado. De todos modos, te doy mi palabra de que podremos ver lo que va a ocurrir en el mundo. Por desgracia, nuestro

límite superior será de tres mil años; no podemos ir
más lejos pues las escenas resultan demasiado borrosas
y confusas para que las descifremos. En cuanto a ti,
estás destinado a padecer muchos sufrimientos, y a realizar una gran cantidad de viajes. Serás víctima de personas inescrupulosas, a quienes no les gustará lo que haces
e intentarán manchar tu reputación. En los próximos
días y mediante ésta máquina, podrás ver muchos momentos salientes de tu carrera. Pero ahora observemos
algunas posibilidades, sintonizando al azar. Mira, aquí
ocurren acontecimientos importantes en un lugar llamado Egipto.

El Lama ajustó varios controles, se hizo la oscuridad,
y en el horizonte de la zona oscura aparecieron algunos
triángulos negros. La escena no tenía ningún sentido para
mí, por lo cual el Lama giró gradualmente un control
y el mundo quedó iluminado en forma progresiva por la
luz del día. Entonces me dijo:

—Esta es la construcción de las Pirámides. Más tarde la gente se preguntó una y otra vez de qué manera se
habían desplazado esos grandes bloques de piedra sin
ninguna clase de maquinaria. En realidad, fueron movi-
dos por levitación.

Le contesté:

—Señor, he oído hablar mucho de la levitación, pero
no tengo la menor idea de la forma en que se produce.

—Te lo diré. El mundo ejerce una atracción magnética; si arrojas un objeto al aire, el magnetismo de la
Tierra lo atrae de nuevo hacia abajo. Si te largas de un
árbol, caes hacia abajo, no hacia arriba, porque el magnetismo de la Tierra es de tal naturaleza que eres atraído
por ella. Disponemos de algo que es antimagnético con
respecto a la Tierra y debemos mantenerlo celosamente
bajo custodia, pues si alguna persona no entrenada
lograra apoderarse de alguno de esos dispositivos se
podría encontrar flotando lejos de la Tierra. En ese caso,
la caída se produciría hacia arriba. Ejercemos el control
mediante dos rejillas: una está sintonizada en concor-
dancia con el magnetismo de la Tierra, y la otra se opone
a él. Cuando las rejillas se encuentran en cierta posición,

los platos flotan, sin ir hacia arriba ni hacia abajo. Pero si aprietas una palanca que modifica las relaciones de las rejillas entre sí, presionando en una dirección se hace más fuerte el magnetismo de la Tierra y, en consecuencia, los platos o la máquina se zambullen hacia ella. Pero, si deseamos elevarnos, accionamos la palanca en sentido contrario, en cuyo caso actúan las fuerzas antimagnéticas y la Tierra repele en lugar de atraer. De esta manera podemos elevarnos en el aire. Ese es el dispositivo que utilizaron los dioses cuando crearon este mundo tal como es ahora. Un solo hombre podía levantar bloques de centenares de toneladas y colocarlos en el sitio preciso sin esforzarse. Cuando el bloque se encontraba en la posición exacta se interrumpía la corriente magnética y la atracción de la gravedad de la Tierra lo dejaba en la situación deseada. De esa manera se construyeron las Pirámides, así como también se realizaron muchas cosas extrañas e inexplicables. Por ejemplo, hemos dispuesto de mapas de la Tierra durante siglos y somos el único pueblo que los tiene, porque somos los únicos que contamos con los dispositivos antigravitatorios necesarios para representar exactamente el mundo en los mapas. Pero no es el momento de seguir discutiendo estos temas. Pienso que deberíamos comer algo; luego examinaremos mis piernas y después nos pondremos a dormir, pues mañana te espera un día totalmente nuevo, un día distinto de todos los que has tenido hasta ahora.

CAPITULO VIII

— ¡Lobsang! Ven, es hora de clase.

Recordé otra hora de clase. Me encontraba en el Potala, del cual había estado ausente unos días, en compañía del Lama Mingyar Dondup. Cuando regresé, el Lama me dijo:

—Las clases comenzarán esta tarde; es mejor que concurras.

Asentí con cierto desánimo y me encaminé al aula. El lama maestro levantó la vista y su rostro asumió una expresión de cólera. Me señaló con el dedo y gritó:

— ¡Fuera! ¡Fuera! No te quiero en mi clase.

Como no había nada que hacer me levanté y me marché. Algunos de los otros *chelas* rieron con disimulo, y el lama maestro descendió de su cátedra y comenzó a azotarlos con su vara.

Me dirigí a lo que llamábamos nuestro campo de juego, arrastrando perezosamente los pies. El Lama Mingyar Dondup apareció en una esquina y me vio. Vino directamente hacia mí y me dijo:

—Creía que habías concurrido a clase.

—Lo hice, señor —repliqué— pero el maestro estaba encolerizado conmigo; me ordenó que saliera y afirmó que en sus clases no habría más lugar para mí.

—¿Lo hizo? —dijo mi Guía—. Ven conmigo, veremos de qué se trata.

Caminamos el uno al lado del otro a lo largo del pasillo, cuyo piso se encontraba sumamente resbaladizo por la grasa derretida que había goteado de nuestras

137

lámparas. La grasa se había endurecido con el frío y el maldito lugar parecía una pista de patinaje. Lo recorrimos juntos hasta llegar al aula y entramos. El lama maestro se encontraba en un estado de cólera extrema y azotaba a los muchachos al azar. Cuando advirtió la presencia del Lama Mingyar Dondup experimentó una fuerte conmoción, se puso muy pálido y regresó a su podio.

—¿Qué ocurre aquí? —preguntó el Lama Mingyar Dondup.

—Aquí no ocurre nada, salvo que ese muchacho —me señaló— perturba siempre la clase. No sabemos nunca si concurrirá o no, y no deseo tener que enseñar a un muchacho como éste.

—¡Oh! ¿Así es la cosa? Este muchacho, Lobsang Rampa, está sometido a órdenes especiales del Gran Décimotercero. Y tu obedecerás esas órdenes del mismo modo como lo hago yo. Ven conmigo, iremos a ver ahora mismo al Gran Décimotercero.

El Lama Mingyar Dondup se dio vuelta y salió del aula, mientras el lama maestro lo seguía dócilmente, empuñando aún su bastón.

—¡Madre mía! —exclamó un muchacho—. Me pregunto qué va a ocurrir ahora. Pensé que se había vuelto loco. Nos azotó a todos. Observa las magulladuras en nuestras caras. ¿Qué ocurrirá ahora?

No debió esperar mucho para saberlo, pues pronto apareció el Lama Mingyar Dondup seguido por un lama bastante joven, de aspecto solícito. El Lama Mingyar Dondup lo presentó de una manera solemne diciendo:

—De ahora en adelante será vuestro maestro; deseo ver un gran mejoramiento en la conducta y en el trabajo por realizar.

Se dirigió al nuevo maestro y le dijo:

—Lobsang Rampa está sometido a órdenes especiales. En ciertas ocasiones se ausentará de esta clase durante varios días. Realiza los mayores esfuerzos para ayudarlo a recuperar las clases a las que falte.

Los dos lamas se saludaron con gravedad y Mingyar Dondup partió.

Yo no podía comprender por qué había acudido a mi mente, de pronto, ese recuerdo, cuando escuché al Lama que preguntaba:

—Oye, Lobsang, no has escuchado una sola palabra de lo que te dije, ¿no es cierto?

—No, señor, estaba pensando en esa época en que no era aceptado en una clase, y me preguntaba de qué manera semejante lama pudo convertirse en un maestro.

—Bueno, hay gente buena y gente mala. Supongo que esa vez se trataba de una mala persona. Pero no te preocupes, todo está solucionado. Ahora podríamos decir que soy tu tutor. No sé si tendré que usar una correa o un collar para ti, pero soy tu tutor y te diré lo que te ocurrirá, y lo que ningún otro maestro puede decirte.

Me sonrió y yo también le dirigí una sonrisa realmente amplia. En efecto, era posible aprender con Mingyar Dondup. No se entretenía en cuestiones de procedimiento, sino que se abocaba directamente a contarnos muchas cosas acerca del mundo exterior, por el cual había viajado tanto.

—Bien, Lobsang, sería preferible que comenzáramos en un nivel bastante elemental, pues deberás trasmitir tus conocimientos a gente del mundo exterior, y aunque es probable que conozcas toda la primera parte que te voy a enseñar, la repetición no te hará ningún daño. Podría incluso conceder un carácter algo más profundo a tus conocimientos.

La forma en que lo dijo implicaba un cumplido y resolví de nuevo hacer honor a su confianza. Sólo el tiempo dirá si he tenido éxito o he fracasado cuando regresemos a Patra.

—Imaginemos un cuerpo vivo. La persona se recuesta y se dispone a dormir, y entonces su forma astral emerge de ese cuerpo y se dirige a cierto lugar. Si quien duerme no está evolucionado, se despertará pensando que soñó y nada más. Pero cuando se trata de una persona preparada, puede estar, en apariencia, profundamente dormida, en tanto que controla todo el tiempo su viaje astral y continúa percibiendo lo que ocurre en las cercanías de su cuerpo físico. Esa persona saldrá del cuerpo físico y viajará hacia donde quiera, a cualquier punto que se le haya indicado. Se puede ir a cualquier parte del mundo mediante el vuelo astral y, si te preparas, al retornar a tu cuerpo carnal te será posible recordar todo lo que te ocurrió.

—Un ser muere porque la persona astral desea desembarazarse del cuerpo físico. Tal vez el cuerpo carnal está inválido y no funciona adecuadamente, o tal vez ha aprendido todo lo que necesitaba aprender en esa encarnación, pues la gente regresa a la Tierra una y otra vez, hasta asimilar sus lecciones. Tú y yo representamos un caso diferente, pues provenimos de un nivel situado más allá del plano astral; provenimos de Patra. Pero de eso hablaremos un poco más adelante.

—Cuando la forma astral se ha liberado por completo del cuerpo físico, el Cordón de Plata se ha cortado y el Cuenco Dorado se ha hecho añicos, la entidad que estaba en ese cuerpo está en libertad de moverse a su alrededor, de hacer más o menos lo que quiere. Después de un cierto tiempo se cansa de dar vueltas y consulta una rama especial del Gobierno cuya única tarea consiste en aconsejar a la gente del plano astral con respecto a lo que es mejor para ella, indicándole si debe permanecer en ese plano y aprender un poco más allí o regresar a la Tierra en circunstancias distintas para aprender por el camino difícil. Es que cuando la gente se encuentra en el nivel del Superyó —eso está aún muy lejos de ti, Lobsang— no puede experimentar dolor, y la gente aprende con mayor rapidez a través del dolor que a través de la ternura. Por consiguiente, tal vez se planifique que esa persona debe retornar a la Tierra con el impulso de matar, y nacerá como hijo de personas que con suma probabilidad le brindarán la oportunidad de asesinar a alguien. Ahora bien: su tarea consiste en luchar contra su deseo innato de matar y, si logra pasar por la vida sin matar a nadie, esa vida constituirá un éxito completo. Está aprendiendo a controlarse, y en tal caso logrará un descanso en el plano astral; en ese caso, una vez más, se acercará al Comité de Consejeros para saber qué esperan de él la próxima vez. Quizá le infundan tendencia a ser un gran misionero que enseña conceptos erróneos. En tal caso, nacerá de padres que le brindarán la oportunidad de ser misionero, y entonces todo depende del punto hasta el cual su tarea le resulte satisfactoria; si comprende que está enseñando conceptos erróneos, podría realizar un cambio y beneficiarse en gran medida al hacerlo, por ejemplo, comprender que no puede haber una inmaculada concepción a menos que la prole sea femenina. En ciertas circunstancias las mujeres pueden engendrar hijos sin la ayuda indudablemente agradable de un hombre, pero en todos los casos la criatura nacida de este modo será del sexo femenino. Si crece, se casa y tiene un hijo, la criatura puede ser una mujer o un varón débil y enfermizo. Nunca se obtiene una persona de carácter dominante que haya nacido sin la ayuda de un hombre.

—En el plano astral las personas pueden advertir sus errores y, tal vez, hacer algo para superar las maldades que hayan causado a otras. No sé si sabías, Lobsang, que toda persona sobre la Tierra debe recorrer la totalidad del Zodíaco, todos sus cuadrantes, porque la estructura astrológica de un individuo ejerce una gran influencia sobre la forma en que progresa y sobre su lugar en la vida. Por ejemplo, alguien nacido en el signo de Aries podría llegar a tener mucho éxito como carnicero, pero si sus padres son de una categoría social suficiente, podría convertirse en un destacado cirujano; tú sabes que no hay mucha diferencia entre ambos. Me han dicho que un cerdo y un hombre tienen un gusto muy similar; no es que lo haya probado ni piense hacerlo.

Reflexioné durante un instante acerca de lo que me explicaba, y luego le dije:

—Maestro, ¿significa eso que debemos cruzar por cada uno de los signos del Zodíaco —Marte, Venus y todos los demás— y luego trasponer el mismo signo astrológico solar en todos los distintos cuadrantes?

—Desde luego, debes hacerlo. La diferencia que provoca cada cuadrante es casi increíble, pues si tenemos un signo solar fuerte, la primera parte del cuadrante contendrá no sólo el signo solar, sino también fuertes indicaciones provenientes del signo anterior. En cambio, en el centro de los cuadrantes el signo solar representará la influencia predominànte y, a medida que se progresa a través de ese signo, al llegar a la última parte del cuadrante las indicaciones son muy fuertes para el signo siguiente sobre·la carta natal. Te señalo todo esto porque tal vez en lo futuro debas explicar estos temas a la gente. En suma, cada persona vive en todos los sectores del Zodíaco, no todas necesariamente en la misma secuencia, sino en el orden que le permita aprovechar mejor lo que debe aprender.

—Maestro, continuamente se me recuerda que tendré una vida muy difícil, con muchos sufrimientos. Bien: ¿por qué es necesario que experimente tanto sufrimiento?

El Lama Mingyar Dondup se miró los pies durante un instante y luego me contestó:

—Debes realizar una tarea muy grande, una noble tarea, y hallarás que hay personas innobles que intentarán impedir que tengas éxito y estarán dispuestas a rebajarse y emplear cualquier triquiñuela para lograrlo. Es que la gente se pone envidiosa cuando alguien hace, escribe o dibuja algo que resulta indiscutiblemente superior a lo que se hacía, escribía o dibujaba antes de ese esfuerzo. Sé que todo esto parece muy confuso, pero es exactamente así. Tendrás que soportar una tremenda dosis de envidia y —pobrecito— las mujeres te ocasionarán muchos problemas, no a causa de tus actividades sexuales con ellas, sino por otros motivos; por ejemplo, la esposa de otra persona te demostrará amistad y su marido, incomprensivo, se tornará locamente celoso. Y otras mujeres se sentirán celosas porque te sonreirán y tú no retribuirás sus sonrisas. ¡Oh, Lobsang, ten cuidado con las mujeres; yo lo he hecho durante toda mi vida y fue mejor para mí!

Me mantuve en un silencio melancólico, reflexionando acerca de mi terrible destino. Fue entonces cuando el Lama me dijo:

—¡Animo! Percibo que no sabes nada, en absoluto,

acerca de las mujeres, pero pronto tendrás oportunidad de examinar sus cuerpos por dentro y por fuera. Cuando partamos de aquí en pocos años irás a Chungking, y allí observarás cadáveres de hombres y mujeres en las salas de disección. Al comienzo tu estómago se contraerá un poco, pero no importa: en un día o dos te acostumbrarás. De acuerdo con el Registro de Probabilidades, serás un excelente médico. Puedes incluso ser un buen cirujano, porque —debo decírtelo— eres algo despiadado, y se debe ser despiadado para actuar como un buen cirujano. En consecuencia, cuando salgamos de esta celda, jaula o caverna —llámala como quieras— pronto irás a otra donde realizarás una cierta práctica con instrumentos quirúrgicos y aprenderás algunas cosas en un idioma universal. Desde luego, estoy listo para brindarte ayuda en cualquier forma posible.

—Maestro, usted mencionó varias veces a Patra en esots últimos días, pero nunca escuché antes esa palabra, y estoy seguro de que no son muchas las personas en el Potala o en Chakpori que la usan.

—Bien, no vale la pena mencionar algo que está mucho más allá del alcance de una persona corriente. Patra es un término que representa los Campos Celestiales. Todas las personas, cuando dejan la Tierra, pasan al mundo astral. Es realmente un mundo, como debes haberlo comprobado en tus viajes astrales, un mundo igual a esta Tierra, en muchos sentidos, pero con aspectos mucho más agradables: puedes mezclarte con la gente, leer, conversar, asistir a reuniones y saber cómo les va a otras personas, por qué ésta fracasó y aquélla triunfó. Desde el plano astral la gente vuelve a la Tierra o a algún otro planeta para desarrollar otra vida con más éxito. Pero existe un planeta muy extraño llamado Patra que es el Cielo de los Cielos. Sólo las mejores almas van allí; sólo las que han hecho el mayor bien. Por ejemplo, Leonardo da Vinci se encuentra en Patra trabajando en proyectos que ayudarán a otras "tierras". Allí no encontrarás a ningún charlatán, pues el hecho de serlo lo excluye en forma categórica. Ya está planificado que irás a Patra al fin de esta vida porque, durante varias vidas, has experimentado una penuria tras otra y lograste superarlas con éxito. La tarea que realizas ahora... bueno, cualquier otro diría que es una tarea imposible, pero tú triunfarás y permanecerás en Patra durante bastante tiempo. Allí no existen fricciones, no hay peleas, hambre ni crueldad.

—¿Se permite a los gatos ir a Patra, Maestro?

—¡Oh, Dios mío, sí! Van, por supuesto. Los gatos tienen almas, al igual que las personas. Hay un sinfín de ignorantes que creen que esta cosa en cuatro patas es simplemente un tonto animal, casi sin sentimientos, sin duda alguna carente de inteligencia y absolutamente sin alma. No es verdad. Los gatos tienen alma, pueden progresar a través del mundo astral, enterarse de la existencia de Patra y encontrarse allí con las personas que amaron en la Tierra, o tal vez en otro planeta. Sí, Lobsang, debes decir con claridad a la gente que los gatos son personas, individuos, pequeñas personas altamente evolucionadas que fueron llevadas a la Tierra con un fin especial. En consecuencia, debes tratarlos con gran respeto, como sé que lo haces.

—Caminemos un poco, porque mis piernas se están endureciendo, y creo que un pequeño paseo les hará bien. Vamos, mueve esas piernas perezosas: iremos a examinar otras cosas que aún no has visto.

—¡Maestro!

Llamé al Lama Mingyar Dondup, que se había adelantado bastante. Se detuvo para permitir que yo lo alcanzara. Entonces proseguí:

—Maestro, usted conoce muy bien este lugar, mientras yo creía que se trataba de un descubrimiento. Se ha estado burlando de mí.

Rió y me contestó:

—No, Lobsang, no bromeaba contigo. Esa entrada en que nos introdujimos... bien, fue una sorpresa. Yo no esperaba de ningún modo encontrarla porque no figuraba en los mapas, y me pregunto el por qué de su existencia. Estarás de acuerdo conmigo en que no se advertían signos de una deformación de las rocas. Supongo que era así porque el viejo ermitaño estaba encargado de diversos suministros depositados en este lugar y deseaba disponer de una entrada muy cerca de su ermita. Pero... no, no, no estaba bromeando contigo. Mañana deberemos encontrar la forma de salir porque mis piernas han sanado de una manera tan satisfactoria que estoy en condiciones de descender por la ladera de la montaña.

Repliqué:

—Maestro, me parece que no tendrá un aspecto muy guapo bajando por la montaña con sus hábitos destrozados.

—Es cierto, pero mañana tú y yo apareceremos con hábitos nuevos y flamantes que tienen alrededor de un millón de años.

Luego, como una reflexión tardía, agregó:

—Y tú te presentarás como un monje, no como un *chela*. De ahora en adelante permanecerás conmigo e irás donde yo vaya, aprendiendo todo lo que pueda enseñarte.

Caminó algunos pasos, se inclinó para pasar una puerta y colocó sus manos en cierta posición. Observé que lentamente una sección del muro se deslizaba hacia un costado en el más completo silencio, sin que se oyera el ruido de una roca restregándose sobre otra. El silencio era tan grande que toda la escena asumía un carácter misterioso.

El Lama me dio un pequeño empujón entre las hojas de los omóplatos, al tiempo que decía:

—Ven conmigo, eso es algo que debes ver. Aquí está Patra. Esa es la forma en que se nos aparecería Patra. Desde luego, este globo —señaló un enorme globo que llenaba por completo un gran salón— permite simplemente que observemos lo que ocurre en Patra en cualquier momento.

Puso la mano en mi hombro y recorrimos algunos metros hasta llegar a una pared donde se observaban instrumentos y una inmensa pantalla cuya altura equivalía a la de cuatro hombres y el ancho al de tres. El Lama me explicó:

—Esta pantalla se utiliza para la investigación de cualquier detalle especial.

Las luces del salón bajaron. En`forma correlativa, la luz proveniente del globo que el Lama había llamado Patra se tornó más intensa. Era una especie de color rosado-oro que brindaba una maravillosa sensación de calidez y señalaba que éramos realmente bien recibidos.

El Lama pulsó de nuevo uno de los botones y la nebulosidad en el globo, o a su alrededor, desapareció como se esfuma ante los rayos solares la neblina de las montañas. Observé con avidez la escena: era en verdad un mundo maravilloso. Me parecía estar parado sobre una pared de piedra, contra la cual golpeaban suavemente las olas. A mi derecha divisé un barco que llegaba. Supe que se trataba de un barco porque ya había visto figuras que los representaban. Ancló frente al muro en que me encontraba y desembarcó una gran cantidad de personas que parecían complacidas consigo mismas.

—Es una multitud de aspecto feliz, Maestro —dije—. De todos modos, ¿qué estaban haciendo?

— ¡Oh! Esta es Patra. Aquí puedes encontrar un sinnúmero de cosas placenteras. Supongo que esas personas decidieron que sería agradable realizar una excursión sin prisa por la isla. Según creo, tomarán el té aquí y regresarán.

—Este nivel se encuentra varios escalones por encima del mundo astral. La gente sólo puede llegar hasta aquí si se trata, por decirlo así, de superpersonas. Con frecuencia ser digno de estar aquí implica terribles sufrimientos pero, cuando se llega y se advierte qué es, resulta obvio que el lugar vale por todo el sufrimiento que acarrea.

—Aquí podemos viajar con el pensamiento. Por ejemplo, estamos en este planeta y deseamos ver a cierta persona. Bien: pensamos intensamente en ella y, si está dispuesta a vernos, repentinamente nos elevamos sobre el suelo y viajamos con rapidez por el aire hacia nuestro destino. Llegamos y encontramos a la persona que deseábamos ver frente a la puerta de su casa, preparada para darnos la bienvenida.

—Pero, Maestro, ¿qué clase de personas viene aquí, de qué manera llegan? ¿Las consideraría usted como prisioneras? Probablemente no pueden marcharse de este lugar.

—No, ésta no es una cárcel, en modo alguno. Es un sitio de progreso, y sólo personas bondadosas pueden venir aquí, personas que han realizado sacrificios supremos, que han ayudado de la mejor manera posible a sus congéneres, hombres y mujeres. En condiciones normales, deberíamos pasar del cuerpo carnal al cuerpo astral. ¿Observas que aquí nadie lleva un Cordel de Plata? ¿Que nadie tiene el aura del Cuenco Dorado alrededor de la cabeza? Aquí no lo necesitan, porque cada uno mantiene su identidad. Aquí se encuentra toda clase de personalidades sobresalientes: Sócrates, Aristóteles, Leonardo da Vinci y otros de ese mismo nivel que en este lugar pierden todas las pequeñas imperfecciones que tenían, pues para estar sobre la Tierra debían adoptar una imperfección. Sus vibraciones eran tan altas que les resultaba simplemente imposible permanecer sobre la Tierra sin alguna imperfección. Por ese motivo, antes de que Mendelsohn, por ejemplo, o algún otro, pudiera bajar a la Tierra debía llevar alguna imperfección innata para desarrollar esa vida determinada. Mencioné a Mendelsohn, el músico. Llega al plano astral y algo parecido a un policía lo espera para quitarle el Cordón de Plata y el Cuenco Dorado, remitiéndolo a Patra. Allí encontrará a amigos y conocidos con quienes podrá examinar sus vidas pasadas y realizar experimentos que deseaba llevar a cabo hacía mucho tiempo.

—Bien, Maestro, ¿cómo resuelven aquí el problema de la comida? En este lugar, que supongo es un muelle, no parece haber alimentos.

—No, en este mundo no encontrarás muchos alimentos. La gente no los necesita. Captan toda su energía corporal y mental mediante un sistema de ósmosis; en otras palabras, absorben la energía emitida por la luz de Patra. Desde luego, si quieren comer o beber, están en perfectas condiciones de hacerlo, sin caer en la glotonería. Tampoco pueden tomar esas bebidas alcohólicas que pudren el cerebro de una persona. Tú sabes que esas bebidas son pésimas y pueden detener el desarrollo de un ser por varias vidas.

—Ahora demos un rápido vistazo al lugar. Aquí el tiempo no existe y, en consecuencia, resulta inútil preguntar a una persona durante cuánto tiempo ha vivido aquí, pues te observará con la mirada en blanco y pensará que no conoces en absoluto las condiciones imperantes. La gente no se acostumbra ni se cansa nunca de Patra; siempre hay algo nuevo por hacer, gente nueva para conocer, pero aquí no puedes encontrar a un enemigo.

—Elevémonos en el aire y miremos esa pequeña aldea de pescadores.

—Creo haberle escuchado decir que la gente no necesitaba comer, Maestro. ¿Para qué quieren una aldea de pescadores?

—Bueno, no capturan peces en el sentido ordinario del término; lo hacen para ver de qué manera se puede mejorarlos, logrando que sus sentidos se perfeccionen. Tú sabes que en la Tierra los peces son realmente estúpidos y merecen ser capturados, pero aquí se los apresa en redes y se los mantiene en el agua mientras se los guarda; los tratamos con bondad y no nos guardan rencor. Comprenden que tratamos de beneficiar a todas las especies. En el caso de los animales, la situación es similar; en este mundo, ninguno de ellos teme a los hombres. Por lo contrario, son amigos. Pero visitemos en forma brevísima diversos lugares, pues pronto deberemos partir para regresar al Potala.

De pronto me sentí elevado en el aire y creí perder la vista. Apareció repentinamente una intolerable jaqueca y, para decir honestamente la verdad, creí que me moría. El Lama Mingyar Dondup me asió y colocó sus manos sobre mis ojos, diciendo:

—Lo lamento, Lobsang: olvidé que no habías recibido el tratamiento para la visión de la cuarta dimensión. Tendremos que regresar a la superficie durante media hora.

Sentí que me hundía y luego experimenté la agradable sensación de algo sólido bajo mis pies.

—Este es el mundo de la cuarta dimensión; en ciertas ocasiones existen matices de la quinta dimensión. Si mostramos Patra a una persona debe poseer la visión de la cuarta dimensión, pues en caso contrario la tensión sería excesiva para ella.

El Lama me hizo recostar en una cama y luego derramó algo en mis ojos. Después de varios minutos me colocó gafas, con las cuales los cubrió por completo. Le dije:

— ¡Oh! Ahora puedo ver. Es maravilloso.

Antes las cosas parecían hermosas, extraordinariamente hermosas; pero ahora que podía ver en la cuarta dimensión las visiones eran tan espléndidas que resulta imposible describirlas en términos tridimensionales. Casi gasté los ojos mirando a mi alrededor. Luego nos elevamos nuevamente en el aire. Nunca había visto tal belleza. Los hombres eran incomparablemente hermosos y las mujeres resultaban tan bellas que experimenté una extraña agitación interior. Por supuesto, yo desconocía totalmente a las mujeres, porque mi madre había sido muy estricta, por cierto, y apenas había visto a mi hermana. Nos mantenían rígidamente apartados, pues ya antes de mi nacimiento se había dispuesto que ingresara en la Lamasería. Pero la belleza, la absoluta belleza, y la tranquilidad desafían realmente toda descripción en un idioma tridimensional. Es como si un hombre ciego de nacimiento intentara describir algo sobre la Tierra. ¿De qué manera hablará de los colores? Si nació ciego, ¿qué sabe acerca de ellos? Tal vez algo acerca de la forma y el peso, pero la verdadera belleza de las cosas se encuentra absolutamente más allá de su comprensión.

En cuanto a mí, he sido preparado para ver en la tercera, la cuarta y la quinta dimensión; por consiguiente, cuando llegue el momento en que deba dejar esta Tierra me dirigiré directamente hacia Patra. Por lo tanto, las personas que afirman recibir un curso de instrucción dirigido por el doctor Rampa, a través del Consejo Ouija, son simplemente chiflados. Les digo nuevamente que cuando deje este mundo estaré totalmente fuera de su alcance. ¡Tan lejos como no pueden siquiera comprenderlo!

Me resulta del todo imposible hablar de Patra. Es como describir a un ciego una exposición de cuadros: no llegaríamos a ninguna parte.

Pero existen otras cosas al margen de la pintura. Algunos de los grandes hombres del pasado estuvieron aquí, en este mundo de Patra, y se esforzaron por ayudar a otros mundos, bidimensionales y tridimensionales. Muchas de las así llamadas invenciones sobre la Tierra no son invenciones de quien las reivindica, quien no ha hecho más que recoger la idea de algo que vio en el mundo astral. Luego regresó a la Tierra recordando algo que se debía inventar, captó las ideas generales acerca de la manera de hacerlo y construyó lo que había que construir y lo patentó en su propio nombre.

El Lama Mingyar Dondup parecía ser sumamente conocido en Patra. Podía ir por todas partes y reunirse con todo el mundo. Me presentaba como un viejo amigo, que los otros recordaban y yo había olvidado a causa del empalagoso barro de la Tierra. Rieron conmigo y me dijeron:

—No te preocupes, pronto vendrás a residir con nosotros y en ese momento lo recordarás todo.

El Lama Mingyar Dondup conversaba con un científico y le decía:

—El gran problema que se nos plantea ahora, desde luego, consiste en que las personas de distintas razas tienen puntos de vista diferentes. Por ejemplo, en algunos mundos las mujeres son tratadas como seres iguales a los hombres, pero en otros como esclavas o instrumentos comunes; por ese motivo, cuando llegan a un país que otorga la plena libertad a las mujeres, se sienten enervadas y se encuentran absolutamente perdidas. Estamos trabajando para tratar de encontrar un medio por el cual todos los hombres y todas las mujeres posean un punto de vista común. En el mundo astral los seres se orientan en alguna medida en este sentido, pero nadie puede venir a Patra a menos que admita plenamente los derechos de los demás.

Me miró, sonrió, y luego dijo:

—Advierto que ya reconoces los derechos del Amigo Gato.

Le contesté:

—Sí, señor, los amo. Creo que son los animales más maravillosos que existen.

—Gozas de una magnífica reputación entre los animales, como bien sabes, y cuando regreses a Patra para estar con nosotros toda una horda de gatos se reunirá para darte la bienvenida. Dispondrás de un tapado de piel viviente.

Sonrió porque un gato marrón y blanco trepó por mi cuerpo para sentarse sobre mi hombro y apoyó su pata izquierda sobre mi cabeza con el fin de sostenerse, tal como lo haría un ser humano. El Lama Mingyar Dondup le dijo:

—Bueno, Bob, nos vemos obligados a decirte adiós por ahora; pero Lobsang regresará pronto al Hogar y entonces dispondrás de amplias oportunidades de sentarte sobre su hombro.

Bob, el gato, asintió en forma solemne, saltó sobre una mesa y se frotó contra mí, ronroneando continuamente.

El Lama Mingyar Dondup me habló otra vez:

—Vayamos al otro extremo de Patra. Allí se encuentra el reino de las flores y las plantas; los árboles, en especial, están esperando verte de nuevo.

No bien terminó de hablar llegamos a ese lugar maravilloso donde había flores y árboles increíblemente hermosos. Yo tenía un miedo espantoso de pisotear las flores. El Lama, que comprendió plenamente mi preocupación, me tranquilizó:

—¡Oh! Lo lamento, Lobsang, debería haberte prevenido. Aquí, en el reino de las flores, debes elevarte unos treinta centímetros sobre el suelo. Es una de las facultades de la cuarta dimensión. Piensa que el suelo se encuentra treinta centímetros más arriba y de esta manera, mientras marchas pensando que el suelo está a esa distancia, caminarás en realidad a treinta centímetros de la superficie que crecen esas plantas. Pero ahora no correremos ningún riesgo. En cambio, miraremos un poco otras partes de este mundo. Los hombres-máquinas, por ejemplo.

Máquinas con alma, flores con alma, gatos con alma.

—Considero preferible que regresemos, Lobsang —dijo luego—, pues debo mostrarte algunas cosas para prepararte, en parte, para la vida que deberás asumir. Desearía viajar contigo y ayudarte más, pero mi Karma consiste en ser asesinado por seres que me apuñalarán por la espalda. Pero no te preocupes; regresemos a nuestro propio mundo.

CAPITULO IX

Abandonamos el denominado "Salón de la cuarta dimensión" y cruzamos la gran sala hacia el lugar llamado "Este mundo". La distancia era de unos cuatrocientos metros, por lo cual los pies nos dolían bastante cuando llegamos a destino.

El Lama Mingyar Dondup entró y se sentó en un banco cerca de la consola. Lo seguí e hice lo propio. El Lama pulsó un botón y la luz del cuarto desapareció. En cambio, pudimos percibir nuestro mundo en una luz mortecina. Miré a mi alrededor preguntándome qué había ocurrido. ¿Dónde estaba la luz? Luego miré el globo del mundo y caí rápidamente de espaldas sobre el banco, golpeándome la cabeza en el duro piso pues, al observar el mundo, vi un espantoso dinosaurio con las mandíbulas abiertas que me miraba directamente a una distancia de dos metros.

Me recuperé con esfuerzo, lleno de vergüenza por haberme dejado atemorizar por una bestia muerta hacía millares de años.

El Lama se dirigió a mí:

—Debemos echar una ojeada a ciertas partes de la historia porque en los libros históricos figuran muchas versiones absolutamente incorrectas. ¡Mira!

Observé una cadena montañosa y, al pie de una de las montañas, una multitud de soldados con sus asistentes, que incluían a muchas mujeres. Según parece, en aquellas épocas los soldados no podían prescindir del consuelo que brindan los cuerpos femeninos, por lo

153

cual las mujeres iban a la guerra con ellos para satisfacerlos después de una victoria.

La escena era muy bulliciosa: los hombres se arremolinaban alrededor de una cantidad considerable de elefantes, y un soldado, parado sobre el ancho lomo de uno de ellos, discutía con la muchedumbre:

—Les aseguro que estos elefantes no cruzarán las montañas donde hay nieve. Están acostumbrados al calor y no pueden sobrevivir al frío. Además, ¿de qué manera podríamos obtener las toneladas de alimentos que necesitan? Propongo que los descarguemos y distribuyamos la carga sobre caballos de la región: es la única forma de atravesar esta comarca.

El alboroto prosiguió. Parecía un corrillo de comadres malhabladas, discutiendo y agitando los brazos. Finalmente, el hombre ganó la partida: descargaron los elefantes y se apropiaron de todos los caballos del distrito, a pesar de las protestas de los campesinos a los que pertenecían.

No entendí una sola palabra de lo que hablaban, desde luego, pero ese instrumento especial que el Lama acabada de poner sobre mi cabeza trasmitía a mi cerebro todo lo que se decía en forma directa, en lugar de pasar a través de los oídos. De este modo logré seguir la discusión en sus menores detalles.

Por último, la inmensa cabalgata se dispuso a iniciar la marcha, también se hizo montar a las mujeres. Por lo general, nadie se da cuenta de que en realidad las mujeres, desde el punto de vista físico, son mucho más fuertes que los hombres. Supongo entonces que aparentaron ser débiles, pues los hombres cargaron los bultos y las mujeres montaron "ponys".

La cabalgata partió, comenzando la ascensión de la senda montañosa; a medida que avanzaba, pudo advertirse que habría sido imposible lograr que los elefantes treparan por el angosto sendero rocoso. Al aparecer la nieve, tampoco los caballos se mostraron muy dispuestos a seguir adelante y fue necesario empujarlos.

El Lama Mingyar Dondup salteó algunos siglos; cuando detuvo la rotación del globo contemplamos el desarrollo de una batalla. No sabíamos dónde tenía lugar, pero parecía bastante sangrienta. No bastaba hundir una espada en el cuerpo de una persona, pues el vencedor solía cortar la cabeza de la víctima y se amontonaban todas ellas formando una gran pila. Observamos, por un instante a todos esos hombres que se mataban entre sí. Había pendones que flameaban y roncos gritos; al borde del campo de batalla las mujeres contemplaban la escena desde tiendas toscamente levantadas. No parecía importarles demasiado qué bando ganaría, pues en cualquier caso se las usaría con el mismo fin. Pero supongo que miraban con una curiosidad más o menos ociosa, al igual que nosotros.

Tocando el pulsador, el mundo comenzó a girar con mayor rapidez. Cada tanto el Lama lo detenía y me resultaba totalmente increíble que en cada oportunidad se presenciaran escenas de guerra. Seguimos adelante hasta llegar a la época de las Cruzadas, de las cuales me había hablado el Lama. En esos días estaba "de moda" entre los hombres con títulos de nobleza guerrear contra los sarracenos, un pueblo culto y amable, pero bien preparado para defender su tierra natal; muchos títulos de nobleza ingleses terminaron para siempre en el campo de batalla.

Finalmente, observamos el desarrollo de la guerra de los Boers. Ambos bandos estaban absolutamente convencidos de la justicia de su causa, pero los Boers parecían tener un blanco especial: no el corazón ni el estómago, sino más abajo, de modo que, si un hombre era herido y lograba regresar a su hogar, no le serviría para nada a su mujer. Todo eso me lo explicó el Lama en voz baja.

De pronto, la batalla concluyó. Ambos bandos parecían ser los ganadores o los perdedores, porque se entremezclaron por último, los invasores —los Cruzados— se dirigieron hacia uno de los costados del campo de batalla, en tanto que los sarracenos se desplazaban hacia el sector opuesto, donde algunas mujeres igualmente los esperaban.

Se dejaba a los heridos y a los moribundos donde

habían caído, pues no había nada más que hacer. No existía ningún servicio médico por lo que, si un hombre se encontraba malherido, pedía a menudo a sus amigos que lo liberaran de sus padecimientos, para lo cual ponían en sus manos una daga y se iban. Si el hombre deseaba realmente acabar con su vida, sólo debía empujar el arma a través de su corazón.

El mundo siguió girando y se vio una guerra feroz que parecía abarcar la mayor parte del planeta. Se observaba a gente de todos los colores que combatía y utilizaba toda clase de armas, sobre todo, grandes cañones sobre ruedas. En el aire había globos atados a sogas, a tanta altura que un hombre situado en un canasto colgado del mismo podía vigilar las líneas enemigas tratando de prever el momento en que atacarían o de establecer la manera de hacerlo. Luego observamos algunas máquinas ruidosas que llegaban por el aire y dispararon contra los globos derribándolos envueltos en llamas.

El suelo era una mezcla atroz de barro y sangre y se veían restos humanos por todas partes. Había cadáveres suspendidos en los alambrados con púas y cada tanto se escuchaban explosiones y volaban por el aire grandes bombas que estallaban al llegar al suelo, con resultados desastrosos tanto para la comarca como para el enemigo.

Pulsando de nuevo el botón el cuadro cambió. Ahora, mirando el mar, observamos puntos tan alejados que parecían realmente puntos. Pero el Lama Mingyar Dondup los enfocó más de cerca y comprobamos que se trataba de grandes barcos metálicos, con largos tubos que se movían en todas direcciones escupiendo enormes proyectiles. Recorrían más de treinta kilómetros antes de caer sobre un barco enemigo. Observamos que un buque de guerra parecía haber sido alcanzado en la santabárbara, pues el proyectil cruzó la cubierta y luego se produjo una tremenda explosión. El barco se levantó y estalló en mil pedazos. Volaron trozos de metal en todas direcciones y también restos humanos; con toda la sangre humana que se derramaba, una roja neblina pareció apoderarse del lugar.

Por último, entró en vigor, al parecer, algún tipo de acuerdo, pues los soldados dejaron de disparar. Desde nuestro privilegiado punto de observación advertimos que un hombre levantaba su arma en forma subrepticia ¡y mataba a su propio oficial!

El Lama Mingyar Dondup pulsó con rapidez algunos botones y volvimos a la época de las guerras de Troya. Murmuré:

—Maestro, ¿no estamos acaso saltando de una a la otra era sin tener en cuenta en absoluto la secuencia de los acontecimientos?

—Te muestro todo esto por alguna razón, Lobsang. Mira.

Me señaló a un soldado troyano que apuntó súbitamente con su lanza y perforó el corazón de su comandante.

—Te acabo de mostrar que la naturaleza humana no cambia; se comporta siempre de la misma manera. Toma a un hombre: matará a su comandante y, tal vez, en otra reencarnación haga exactamente lo mismo. Estoy tratando de enseñarte ciertas cosas, Lobsang; no la historia según los libros, porque con demasiada frecuencia los textos sufren alteraciones para complacer a los dirigentes políticos de la época.

Sentados en nuestro banco, el Lama sintonizó muchas escenas diferentes entre las cuales había —a veces— un intervalo de seiscientos años. Sin lugar a dudas, eso me brindó la oportunidad de evaluar lo que realmente hacían los políticos. Vimos imperios que se elevaban sobre la base de arteras traiciones, y otros que se hundían por la misma razón.

De pronto el Lama dijo: —Mira, Lobsang, ahora echaremos una ojeada al futuro.

El globo se oscureció, se iluminó, se oscureció de nuevo y contemplamos extrañas visiones. Vimos un inmenso transatlántico, tan grande como una ciudad, navegando como una reina de los mares. Repentinamente se produjo un chirrido desgarrador y el barco se partió bajo la línea de flotación, alcanzado por un enorme témpano.

La nave comenzó a hundirse. Cundió el pánico, muchas personas ganaron los botes salvavidas y en cubierta la banda de música continuó tocando para tratar de evitar el miedo, hasta que el barco se sumergió en medio de un borboteo aterrador. Emergieron grandes burbujas de aire y goterones de aceite. Luego aparecieron gradualmente en la superficie objetos extraños: el cuerpo muerto de un niño y el bolso de una mujer, flotando.

—Aquí tienes otro acontecimiento fuera de su orden cronológico, Lobsang, que ocupa un lugar anterior a la guerra que acabas de presenciar. Pero no importa, es posible recorrer rápidamente un libro ilustrado y lograr tal vez tantos conocimientos como si hubiéramos leído todo el libro en su orden correcto. Trato de introducir ciertas ideas en tu cabeza.

Irrumpió el alba. Los primeros rayos mañaneros reflejaron tintes rojizos en las puntas de los témpanos y se difundieron hacia abajo a medida que el sol se elevaba en el horizonte y perdía su matiz rojo, convirtiéndose en la luz normal del día.

El mar estaba cubierto por una cantidad absolutamente increíble de objetos. Sillas rotas, diversos paquetes y, desde luego, los inevitables cadáveres, blancos y céreos. Había hombres —o lo que había sido hombres— en trajes de etiqueta y mujeres —o lo que había sido mujeres— en trajes de noche, a quienes se podría describir mejor diciendo que estaban semidesnudas.

Contemplamos durante mucho tiempo la escena sin que se advirtieran barcos de salvamento. El Lama exclamó:

—Bien, Lobsang, pasaremos a otra cosa. No tiene sentido que perdamos el tiempo aquí pues no podemos hacer absolutamente nada.

Pulsó los controles y el botón que se encontraba en el extremo de una pequeña varilla y el globo comenzó a girar con mayor rapidez. Luz, oscuridad, oscuridad, luz, y así sucesivamente. Luego nos detuvimos. Estábamos en un país llamado Inglaterra, y mi Guía me tradujo algunos de los nombres: Picadilly, la estatua de Eros y toda clase de cosas por el estilo. Se detuvo frente a un vendedor de diarios; desde luego, le resultábamos invisibles, porque ocupábamos una zona temporal distinta.

Lo que veíamos en ese momento aún no había ocurrido: estábamos entreviendo el futuro. Nos encontrábamos el comienzo de un siglo, pero vislumbrábamos un año —1939 ó 1940—. No podía establecer con exactitud la fecha, ni eso importaba. Podía percibirse un despliegue de grandes carteles que el Lama me leía. Hacían referencia a un cierto Neville Chamberlain, que iba a Berlín con su paraguas. Luego nos deslizamos en lo que el Lama llamó una sala de proyección de noticias. En una pantalla observamos a hombres de rostro adusto, con cascos de acero, equipados con armamentos bélicos que marchaban de una manera sumamente peculiar.

—El "paso de ganso" —comentó el Lama—, muy practicado por el ejército alemán.

A continuación el escenario se modificó y vimos a gente en un estado de inanición, en otra parte del mundo, personas que morían, víctimas del hambre y el frío.

Ganamos la calle y salteamos algunos días. En ese momento el Lama detuvo la rotación del globo para que pudiéramos recuperar el aliento, porque el vuelo a ras de tierra a través del mundo y cruzando distintas épocas constituía realmente una experiencia perturbadora y agotadora, en especial para mí, un mozo que no había salido nunca de su propio país, que nunca había visto vehículos con ruedas. Sí, era algo verdaderamente perturbador.

Me dirigí al Lama Mingyar Dondup:

—Maestro, deseo hablarle de Patra. Nunca oí nombrar antes a ese lugar; ninguno de mis maestros lo mencionó en algún momento. Nos enseñan que, cuando dejamos esta Tierra, vamos al mundo astral durante todo el período de transición, y allí vivimos hasta que nos asalta el impulso de volver a la Tierra o a algún otro mundo en un cuerpo diferente. Pero nadie me habló de Patra y me siento realmente confundido.

—Mi querido Lobsang: existen muchas cosas de las cuales nunca oíste hablar, pero con el tiempo habrás de

conocerlas. Patra es un mundo, muy superior a éste
y al mundo astral, un mundo al cual van las personas
cuando poseen algunas virtudes muy especiales, o cuando
han hecho a otros un bien muy grande. No se lo menciona porque sería demasiado desalentador. Muchos son elegidos como posibles candidatos para Patra y, a último
momento, la persona revela alguna debilidad o algún
error mental y pierde la oportunidad de conocerla.

—Tú y yo, Lobsang, tenemos la plena seguridad de
ir a Patra no bien dejemos este mundo, pero ése no es
el final, pues viviremos allí durante un cierto tiempo y
luego nos dirigiremos a un lugar aún más elevado. En
Patra verás a personas que han dedicado su vida a investigaciones para el bien de los Hombres y los Animales;
no sólo para el Hombre, sino también para el mundo
animal. Los animales tienen almas y progresan o dejan
de progresar al igual que los seres humanos. Estos últimos
creen con excesiva frecuencia que son los Amos de la
Creación y que los animales están aquí simplemente
para que los utilice el Hombre. ¡Es imposible estar
más equivocado!

—Maestro, me está mostrando cómo fue la guerra,
que se había prolongado durante muchos años. Ahora me
gustaría saber qué ocurrió, cómo concluyó, etcétera.

—Muy bien —me contestó el Lama— nos orientaremos hacia el momento inmediatamente anterior a la finalización de la guerra.

Consultó un libro que señalaba ciertas fechas, pulsó
los controles sobre la consola y el simulacro de nuestro
mundo volvió a la vida, totalmente iluminado.

Contemplamos campos destruidos, con rieles sobre
los cuales corrían máquinas que llevaban mercaderías
o pasajeros. En esta ocasión parecía haber algunos vagones muy adornados, con ventanillas de vidrio y guardias
armados en gran número que patrullaban los alrededores. Luego observamos a algunos sirvientes que colocaban manteles blancos sobre las mesas y quitaban las
fundas a diversos muebles.

Sobrevino un momento de calma. Aproveché la
oportunidad para hacer una visita a cierto lugar y

comprobar que mi propia "naturaleza" funcionaba bien. Cuando regresé, un par de minutos después, advertí la presencia de una gran cantidad de personas. Creí que llevaban trajes de fantasía, pero luego me percaté de que se trataba de jefes militares —soldados y marinos— de alta graduación que parecían representar a todos los países en guerra. Uno de los grupos no dialogaba con el otro. Por último, todos se dispusieron alrededor de mesas en las jaulas que servían como vehículos.

Los miré con atención, por supuesto. Nunca había visto una escena igual: todos los jefes llevaban medallas, hileras enteras y algunos cintas alrededor del cuello, de las cuales colgaban también medallas. Inmediatamente me di cuenta de que se trataba de los altos miembros de un gobierno que trataban de impresionar al otro bando con la carga de metal que ostentaban en sus pechos y con la cantidad de cintas que llevaban alrededor del cuello.

Me pregunté cómo hacían para escucharse, teniendo en cuenta el tintineo de toda esa ferretería sobre sus pechos. Se agitaron muchas manos; mensajeros atareados llevaban notas de un hombre a otro, e inclusive a otra parte de los vehículos. Desde luego, nunca hasta entonces había visto un tren, y para mí quería decir muy poco. Finalmente, elaboraron un documento, que pasó de una persona a otra. Uno por uno lo firmaron con su nombre: resultaba realmente sorprendente observar los distintos tipos de firma y de escritura. Me parecía totalmente obvio que, por decir toda la verdad, ningún bando era mejor que el otro.

—Esos acontecimientos, Lobsang, aún no han llegado. Esta terrible guerra se prolongará durante varios años; ahora han propuesto y declarado un armisticio de acuerdo con el cual cada bando regresará a su propio país e intentará reconstruir su economía destrozada.

Abrí desmesuradamente los ojos porque no se observaba regocijo alguno: todos exhibían rostros de aspecto torvo, y la expresión no revelaba alegría por el hecho de que la lucha armada hubiese terminado; por lo contrario, la expresión era de odio, de odio mortal, como si pensaran: "Muy bien, esta vuelta ganaron ustedes; la próxima vez seremos nosotros quienes los mataremos".

El Lama Mingyar Dondup decidió continuar observando la misma época. Vimos a soldados, marinos y aviadores que continuaban combatiendo hasta que llegara cierta hora de cierto día prefijado. Estaban todavía en guerra cuando esa hora llegó —las once del día— con la pérdida de incontables vidas. Vimos un avión con círculos rojos, blancos y azules, realizando un vuelo pacífico de regreso a su base. Eran las once y cinco, y entre las nubes apareció un avión de combate, de fiero aspecto, rugiendo, que comenzó a perseguir al otro. El piloto oprimió un botón y brotó un torrente de fuego. El avión rojo, blanco y azul estalló en llamas, se precipitó hacia abajo, hubo un golpe y una explosión final; acababa de cometerse un asesinato, porque la guerra había terminado.

Divisamos grandes barcos sobre los mares con tropas, que regresaban a sus países, cargados hasta el tope, en tal medida que muchos de los hombres debían dormir sobre cubierta y otros en los botes de salvamento, pero los barcos se dirigían todos hacia un país muy extenso cuya política me era imposible comprender porque al comienzo habían vendido armamentos a ambos bandos y luego, cuando decidieron finalmente entrar en guerra... luchaban contra sus propias armas. Pensé que de ese modo se llegaba a los límites más extremos de la demencia.

Cuando los grandes barcos llegaron a puerto, en ese lugar todos parecían haberse vuelto locos. Se tiraban serpentinas de papel, las bocinas de los autos aullaban, las sirenas de los barcos se unían al estrépito y en todas partes había bandas de música que tocaban sin tener en cuenta lo que tocaban las otras. El alboroto era indescriptible.

Luego vimos a alguien que parecía uno de los líderes de las fuerzas victoriosas llevado en automóvil por una amplia avenida flanqueada por altos edificios. Desde todos los pisos se arrojaban minúsculos papelitos, serpentinas y cosas por el estilo. Diversas personas soplaban con fuerza en algo que sin duda alguna no era un instrumento musical. Al parecer, se efectuaba una gran celebración porque ahora se descontaba que se realizarían grandes utilidades con la venta de antiguas armas del gobierno a otros países más pequeños que querían intentar una guerra con algún vecino.

Era un espectáculo deprimente, por cierto, el que se observaba en este mundo. Los soldados, los marinos y los aviadores habían regresado a su tierra natal, victoriosos, según pensaban, pero ahora... ¿qué harían para ganarse la vida? Millones de desocupados. No había dinero y muchos debían hacer largas colas ante las "ollas populares", una vez por día, donde les entregaban en una lata una bazofia que llevaban a sus hogares para compartirla con sus familias.

Las perspectivas eran realmente siniestras. En un país se veía a gente miserable, andrajosa, en situación intolerable, caminando por las aceras y observando el lugar en que se convertían en calzadas, en busca de un mendrugo, una colilla de cigarrillo, cualquier cosa. Los caminantes se detenían, apoyándose tal vez en algún poste que sostenía cables, portadores de noticias o de luz, y se desplomaban, rodando hacia las cunetas, muertos, muertos por inanición, muertos por falta de esperanzas. En lugar de tristeza, quienes contemplaban el espectáculo experimentaban alegría: había muerto un poco más de gente y pronto, con seguridad, habría empleos en cantidad suficiente. Pero no: el número de esos concurrentes a las "ollas populares" aumentó; diversas personas uniformadas iban de un sitio a otro, recogiendo a los muertos y cargándolos en furgones, supongo que para enterrarlos o quemarlos.

Contemplamos diversas escenas distribuidas a lo largo de los años; entre ellas observamos un país que se preparaba de nuevo para la guerra: se trataba del país que había perdido la anterior. Había grandes preparativos, movimientos juveniles y todo lo demás. Instruían a sus fuerzas aéreas construyendo gran cantidad de pequeños aviones, sosteniendo que se trataba de aparatos con fines de recreación.

Divisamos a un hombre de baja estatura y aspecto muy cómico, con bigotito y ojos pálidos y saltones. Dondequiera iba y comenzaba a vociferar se reunía rápidamente una multitud. En todo el mundo se producían acontecimientos por el estilo, y en muchos casos los países entraban en guerra. Finalmente se produjo una gran conflagración bélica en la cual intervino la mayor parte del mundo.

—Maestro —le pregunté— no comprendo de qué manera evoca escenas de acontecimientos que aún no han ocurrido.

El Lama me miró y luego observó la máquina que se encontraba allí preparada para mostrarnos más escenas.

—No hay nada particularmente difícil en ese terreno, Lobsang. Cuando te encuentras con una pandilla puedes apostar todo lo que posees a que, cuando hagan algo, lo harán siempre de la misma manera. Si una mujer es perseguida por un hombre, huirá en una determinada dirección y se esconderá. Si esa situación se presenta por segunda y tercera vez, su recorrido quedará fijado, y puedes estar muy seguro cuando pronostiques que habrá una cuarta ocasión: la mujer huirá hacia su escondite secreto y pronto su perseguidor será capturado.

—Pero, señor —le dije— ¿cómo es posible mostrar escenas de algo que no ha ocurrido?

—Por desgracia, Lobsang, aún no eres bastante viejo para comprender una explicación pero, en pocas palabras, ocurren acontecimientos correlativos en la cuarta dimensión y aquí, en la tercera, obtenemos un eco. Algunas personas poseen la facultad de ver más lejos y de saber exactamente qué ocurrirá. Yo soy un vidente y telépata muy sensible, pero tú estás destinado a superarme ampliamente, porque fuiste entrenado con ese fin casi desde antes de haber nacido. Piensas que tu familia fue muy dura contigo. Es verdad, pero se trataba de una orden de los dioses. Se te ha encomendado una tarea especial, y había que enseñarte todo lo que pudiera resultarte útil. Cuando seas más viejo comprenderás mejor los senderos del tiempo y las distintas dimensiones. Ayer te señalé que, al cruzar en la Tierra una línea imaginaria, te encontrarías en un día diferente. Por supuesto, se trata de algo enteramente artificial, para que puedan comerciar las naciones del mundo; por ese motivo han inventado ese sistema en que el tiempo varía artificialmente. Lobsang, existe algo que al parecer no has observado. Los acontecimientos que estamos viendo y analizando no ocurrirán antes de que pasen cincuenta años o más.

—Quedé casi estupefacto cuando me lo dijo, Maestro, pues en ese momento parecía totalmente natural, pero ahora... advierto que carecemos de la ciencia necesaria para producirlos. Por consiguiente, deben de estar situados en el futuro.

El Lama asintió con gravedad:

—Sí, en 1930 ó en 1940, o en algún momento intermedio, comenzará la Segunda Guerra Mundial, que abarcará todo el globo. Acarreará la ruina completa de algunos países, y los que ganen la guerra perderán la paz y los que pierdan la guerra ganarán la paz. No puedo decirte cuándo comenzará realmente la lucha; pues no tiene ningún sentido saberlo; de todos modos, no podemos hacer nada al respecto. Pero es probable que se desencadene alrededor de 1939, y para esa fecha falta aún bastante.

—Después de esa guerra —la Segunda Guerra Mundial— habrá una continua guerra de guerrillas, huelgas en forma permanente, y durante todo ese período los sindicatos intentarán acrecentar su poder y lograr el control de sus propios países.

—Lamento decirte que alrededor de 1985 ocurrirá algún extraño acontecimiento que preparará el escenario para la Tercera Guerra Mundial que estallará entre pueblos de todas las nacionalidades y de todos los colores, y dará nacimiento a la Raza Bronceada. Las violaciones son terribles, sin duda alguna pero, por lo menos, si un negro viola a una mujer blanca, obtenemos una nueva raza, la bronceada. Es necesario que exista un color uniforme en esta Tierra: es indispensable para que se produzca una paz duradera.

—No podemos proporcionar las fechas exactas, indicando incluso el día, la hora, el minuto y el segundo —como algunos idiotas creen— pero es posible afirmar que alrededor del 2000 habrá una intensa actividad en el Universo y también en este mundo. Después de una lucha muy áspera, la guerra se resolverá con la ayuda de gente que proviene del espacio exterior.

—Pero ahora ha llegado el momento de comprobar si mis piernas están en condiciones de caminar y descender por la ladera de la montaña pues debemos regresar al Potala.

Examinamos todas las máquinas que habíamos utilizado y nos aseguramos de que estaban limpias y en el mejor estado posible. Comprobamos que todos los interruptores funcionaban en forma correcta, y el Lama Mingyar Dondup y yo nos pusimos hábitos "nuevos", de un millón o más de años, confeccionados en un material maravilloso. Debíamos de tener el aspecto de dos viejas lavanderas si alguien nos hubiera observado revolviendo las vestimentas para encontrar algo que nos atrajera especialmente y satisficiera esa dosis de vanidad que aún llevábamos dentro. Por último, quedamos satisfechos. Yo me vestí como un monje, y el Lama Mingyar Dondup se envolvió en ropajes correspondientes a una jerarquía muy elevada, si bien yo sabía que le correspondía otra aún mayor.

Encontramos amplias vestimentas con las cuales recubrimos nuestros nuevos hábitos para evitar que éstos se desgarraran al descender por las laderas.

Comimos, bebimos y nos despedimos de ese pequeño cuarto con el orificio en un rincón. Luego nos pusimos en marcha.

—¡Maestro! —exclamé—. ¿De qué manera ocultaremos la entrada?

—Lobsang, no dudes nunca de las Autoridades. Ya está dispuesto que, cuando abandonemos este lugar, se deslizará una cortina de enormes piedras, de muchos metros de espesor, que recubrirá la entrada, ocultándola por completo. Por consiguiente, cuando salgamos debemos correr a toda prisa para ponernos a salvo antes de que se precipiten las grandes rocas y cierren herméticamente la entrada para impedir que los chinos la encuentren, pues, como te dije, ellos conquistarán nuestro país y ya no existirá más el Tíbet. En cambio, habrá un Tíbet secreto, donde los más sabios entre los sabios vivirán en cavernas y túneles como éstos. Ellos trasmitirán sus enseñanzas a los hombres y a las mujeres de una nueva generación que llegará mucho después y traerá la paz a esta Tierra.

Recorrimos el trayecto y advertimos un cuadrado de luz natural. Nos apresuramos en la medida de nuestras fuerzas y salimos al aire libre. Miré hacia abajo y contemplé con gran amor el Potala y Chakpori. Luego observé la empinada senda que nos esperaba, y me pregunté cómo haríamos para descender por ella.

En ese momento se produjo una tremenda sacudida, como si llegara el fin del mundo. Las piedras se habían precipitado sobre la puerta y no podíamos creer en lo que veíamos. No quedaron rastros de la abertura y de la senda. Era como si esta aventura no hubiera ocurrido nunca.

Descendimos por la ladera de la montaña. Miré a mi Guía y pensé en su muerte. También pensé en mi propia muerte, que se produciría en un país extranjero. Pero luego el Lama Mingyar Dondup y yo nos reuniremos en el Sagrado Patra.

EPILOGO

De este modo concluye otra historia verídica. Ahora sólo me queda esperar en mi lecho de hospital que se corte mi Cordón de Plata y se destruya mi Cuenco Dorado para ir a mi Hogar Espiritual: Patra.

Podría haber hecho muchas cosas. Por ejemplo, me agradaría haber hablado en la Liga de las Naciones —sea como fuere su nombre ahora— en favor del Tíbet. Pero había demasiados celos, demasiado rencor, y el Dalai Lama se encontraba en una posición difícil al tener que recibir ayuda de la gente y —desde luego— yo no podía actuar contra su voluntad.

Podría haber escrito más acerca del Tíbet, pero también en este caso había celos y artículos que decían falsedades. La prensa busca siempre aspectos espantosos y horribles que llama "inicuos" y que publica todos los días.

La trasmigración es algo real, un hecho auténtico y constituye el objeto de una gran ciencia. Es como si un hombre viajara por vía aérea hacia su destino y luego encontrara un automóvil esperándolo al bajar del avión. La única diferencia consiste en que un Gran Espíritu se apodera de un cuerpo, para estar en condiciones de realizar una tarea que le ha sido asignada.

Mis libros son verídicos, absolutamente verídicos; si el lector cree que éste huele a ciencia-ficción, está equivocado. Se podría haber aumentado su contenido científico si los hombres de ciencia hubiesen demostrado algún interés. En cuanto a la ficción, no existe en absoluto, como tampoco "licencias artísticas".

Aquí estoy, en mi vieja cama de hospital, esperando la liberación con respecto a la larga noche de horror que es la "vida" sobre la Tierra. Mis gatos han sido un alivio y una alegría para mí y los amo más que a los seres humanos.

Una palabra final. Algunos ya han tratado de sacar provecho de mí. Cierta gente de Plymouth, Inglaterra, hizo circular la versión de que yo había muerto y desde el "Otro Lado" les había ordenado inaugurar un curso por correspondencia. Yo lo dirigiría desde el "Otro Lado" y estableceríamos una correspondencia con el Consejo Ouija. Ahora bien: el Consejo Ouija es una falsificación total, peor aún, pues en algunos casos puede permitir que entidades malvadas o dañinas tomen posesión de la persona que se sirve de él.

Que los Buenos Espíritus los protejan.

INDICE